LA GEOPOLITICA DELL'ACQUA

Uno sguardo geografico
Informazioni Sull'argomento

JOSE RUIZ WATZECK

WATZECK HOME STUDIUS DIGITAL

SOMMARIO

La geopolitica dell'acqua

Uno sguardo geografico Sull'argomento

2a Edizione
WATZECK HOME STUDIUS DIGITAL

Diritti d'autore © 2023/2025

JOSE RUIZ WATZECK – INSEGNANTE E GEOGRAFO

PREFAZIONE

Il lavoro "La geopolitica dell'acqua: uno sguardo geografico sul tema" si propone di esplorare le intricate relazioni tra le risorse idriche e le dinamiche territoriali, politiche ed economiche che plasmano lo scenario globale. In questo libro analizziamo le implicazioni geopolitiche dell'acqua in diversi contesti regionali, esaminando sia i conflitti storici che quelli contemporanei. La geopolitica dell'acqua emerge come una questione estremamente complessa, che richiede un approccio multidisciplinare che integri prospettive ambientali, sociali, economiche e politiche. In questo scenario, la Geografia si distingue come disciplina essenziale, che indaga le interazioni tra acqua e spazio geografico, considerando le specificità di ogni regione e i molteplici fattori che influiscono sulla gestione e la distribuzione delle risorse idriche.

La distribuzione spaziale dell'acqua è condizionata da una combinazione di fattori naturali e antropici. Elementi quali precipitazioni, topografia e clima determinano la disponibilità naturale della risorsa, mentre le pratiche umane – come l'occupazione del territorio, l'urbanizzazione accelerata e l'uso intensivo per l'agricoltura, l'industria e il consumo domestico – ne influenzano l'accessibilità e la qualità. Tuttavia, la scarsità d'acqua non si manifesta in modo omogeneo. Regioni come il Medio Oriente e il Nord Africa devono affrontare sfide critiche dovute alla scarsa disponibilità di acqua naturale e alla crescente domanda associata allo sviluppo economico e alla crescita demografica. D'altro canto, aree come il Sud America e parti dell'Asia, pur avendo volumi d'acqua significativi, devono affrontare problemi di gestione inefficiente, inquinamento e disuguaglianza nella distribuzione.

La gestione sostenibile delle risorse idriche è una delle più grandi sfide del XXI secolo e richiede non solo soluzioni tecniche, ma anche cooperazione internazionale e una governance efficace. In questo contesto, la geografia offre strumenti analitici indispensabili per identificare le regioni vulnerabili, comprendere le dinamiche territoriali che alimentano i conflitti e proporre strategie che bilancino esigenze umane e limiti ecologici. Inoltre, l'approccio geografico contribuisce allo sviluppo di politiche pubbliche che tengono conto delle particolarità locali e della dimensione spaziale nella gestione delle risorse idriche, promuovendo pratiche più eque e sostenibili.

Questo lavoro cerca quindi di evidenziare il ruolo centrale della geografia nella comprensione della geopolitica dell'acqua. Analizzando le dinamiche territoriali e i conflitti legati alle risorse idriche, i geografi possono fornire informazioni preziose per elaborare soluzioni che garantiscano un accesso giusto ed equo all'acqua, risorsa vitale per la sopravvivenza umana e il mantenimento degli ecosistemi. In un mondo segnato dal cambiamento climatico, dalla pressione demografica e dalle crescenti tensioni geopolitiche, la riflessione sulla geopolitica dell'acqua diventa non solo rilevante, ma urgente.

INTRODUZIONE

L'acqua, elemento essenziale per la vita, è anche una risorsa strategica di crescente importanza a livello mondiale. La loro disponibilità e distribuzione sono intrinsecamente legate alle dinamiche naturali e umane, che variano notevolmente tra le diverse regioni del pianeta. Mentre alcune aree godono di abbondanza di acqua, altre devono far fronte a gravi carenze, aggravate da fattori quali il cambiamento climatico, la crescita demografica e le esigenze economiche. Questa disparità non colpisce solo gli ecosistemi e le comunità locali, ma alimenta anche controversie geopolitiche che trascendono i confini nazionali, rendendo l'acqua una questione centrale nei dibattiti su sicurezza, sostenibilità e cooperazione internazionale.

In questo articolo, "La geopolitica dell'acqua: uno sguardo geografico al problema", proponiamo un'analisi completa delle complesse interazioni tra le risorse idriche e le dinamiche territoriali, politiche ed economiche che modellano il mondo contemporaneo. La geopolitica dell'acqua emerge come un campo di studio multidisciplinare, che richiede l'integrazione di conoscenze geografiche, ambientali, sociali e politiche per comprendere le sfide e i conflitti associati alla gestione di questa risorsa vitale. La geografia, con la sua capacità di analizzare le relazioni tra spazio e attività umane, offre una prospettiva unica per studiare il modo in cui l'acqua influenza ed è influenzata dalle strutture di potere, dalle disuguaglianze regionali e dalle strategie di sviluppo.

In questo articolo esploreremo casi emblematici di conflitto e cooperazione legati all'acqua in diverse regioni del mondo, dal Medio Oriente, dove le controversie sui bacini fluviali sono storicamente tese, al Sud America, dove l'abbondanza di risorse idriche contrasta con problemi di gestione e diseguaglianza nell'accesso. Esamineremo anche il ruolo degli attori internazionali, come le organizzazioni multilaterali e le società transnazionali, nella mediazione delle controversie e nella promozione di pratiche sostenibili. Inoltre, discuteremo di come il cambiamento climatico e la pressione sugli ecosistemi acquatici stiano ridefinendo i contorni della geopolitica dell'acqua, richiedendo risposte innovative e collaborative.

Questo libro non riguarda solo la diagnosi dei problemi; Cerca di contribuire al dibattito sulle soluzioni. Analizzando le dinamiche territoriali e i conflitti associati alle risorse idriche, cerchiamo di offrire prospettive in grado di informare le politiche pubbliche, favorire la cooperazione internazionale e promuovere una gestione idrica più giusta e sostenibile. In un mondo in cui la scarsità d'acqua sta diventando sempre più una realtà per milioni di persone, comprendere la geopolitica dell'acqua non è solo una questione accademica, ma una necessità urgente per garantire un futuro sostenibile alle generazioni future.

IL RAPPORTO STORICO TRA ENERGIA E ACQUA

Il rapporto tra acqua ed energia è antico quanto l'organizzazione delle società umane. Fin dagli albori della civiltà, le risorse idriche hanno svolto un ruolo centrale nello sviluppo economico, politico e culturale. Le prime comunità sedentarie si insediarono vicino a fiumi, laghi e altri specchi d'acqua, utilizzandoli per attività essenziali come l'irrigazione, la pesca, la navigazione e l'approvvigionamento. Tuttavia, l'acqua non era solo una risorsa vitale per la sussistenza; Divenne anche uno strumento di potere, utilizzato per consolidare imperi, controllare popolazioni e influenzare le dinamiche geopolitiche.

Già nell'antichità civiltà come Sumeria ed Egitto avevano dimostrato l'importanza strategica dell'acqua. In Mesopotamia, una regione situata tra i fiumi Tigri ed Eufrate, il controllo delle risorse idriche fu fondamentale per lo sviluppo delle prime città-stato. La costruzione di dighe e canali consentì la distribuzione controllata dell'acqua per l'agricoltura e l'approvvigionamento urbano, consolidando il potere delle élite locali. L'importanza dell'acqua era così grande che, nella mitologia mesopotamica, il dio Enki, signore delle acque dolci, occupava un posto centrale nel pantheon divino.

Nell'antica Cina, l'acqua ebbe un ruolo cruciale anche nel consolidamento del potere imperiale. La costruzione di grandi opere idrauliche, come il Gran Canale, che collegava il fiume Giallo allo Yangtze, richiese ingenti risorse umane e finanziarie. Questi progetti non solo facilitarono i trasporti e l'irrigazione, ma rafforzarono anche il controllo politico sulla popolazione, dimostrando la capacità dello Stato di mobilitare sforzi collettivi su larga scala.

Nel corso della storia, il controllo delle risorse idriche ha permesso la formazione e l'espansione di imperi. L'Impero Romano, ad esempio, costruì una vasta rete di acquedotti per rifornire le sue città e i territori conquistati, garantendo lo sviluppo urbano e il mantenimento del potere centrale. L'impero persiano investì anche in sistemi di irrigazione e di gestione delle acque per sostenere la propria agricoltura e consolidare il proprio dominio su vaste regioni.

Con l'avvento della rivoluzione industriale, l'acqua acquisì un nuovo ruolo come fonte di energia. La costruzione di centrali idroelettriche e dighe ha rappresentato un fattore critico per lo sviluppo economico e politico. Paesi come gli Stati Uniti e la Russia hanno investito molto nelle infrastrutture idriche per promuovere l'industrializzazione e l'agricoltura su larga scala. Tuttavia, questi progetti hanno spesso generato impatti ambientali e sociali, come lo spostamento di comunità e l'alterazione degli ecosistemi.

Alla fine del XX secolo, la privatizzazione dell'acqua divenne una questione controversa. Le multinazionali iniziarono ad acquisire concessioni per esplorare e fornire acqua in diversi Paesi, generando accesi dibattiti sulla natura di questa risorsa. Mentre alcuni difendevano la gestione privata come un modo per aumentare l'efficienza, altri sostenevano che l'acqua è un bene comune essenziale per la vita e che dovrebbe essere gestita dallo Stato. Proteste e conflitti sociali sono scoppiati in diverse parti del mondo, evidenziando la tensione tra interessi economici e diritti umani.

Oggigiorno la scarsità d'acqua e le controversie sulle risorse idriche sono diventati problemi sempre più complessi e urgenti. Il cambiamento climatico, la crescita demografica e l'espansione delle attività economiche hanno aumentato la pressione sulle risorse idriche, generando conflitti in diverse regioni. Un esempio emblematico è la disputa sul Nilo, il fiume che attraversa diversi paesi africani. La costruzione della diga Grand Renaissance da parte dell'Etiopia ha creato tensioni con Egitto e Sudan, che dipendono dal fiume per l'agricoltura e la sicurezza idrica.

In Medio Oriente la scarsità d'acqua è un fattore cruciale nelle relazioni politiche. La disputa tra Israele e Palestina sul controllo delle fonti idriche, come le falde acquifere della Cisgiordania, è uno dei principali punti di conflitto nella regione. Inoltre, la costruzione di dighe in paesi come Turchia, Iran e Siria influisce sulla disponibilità di acqua per i paesi a valle come Iraq e Giordania, esacerbando le tensioni geopolitiche.

In Asia, la crisi idrica in India illustra le sfide associate a una gestione inadeguata delle risorse idriche. Lo sfruttamento eccessivo delle falde acquifere, la mancanza di infrastrutture e gli effetti del cambiamento climatico hanno portato a conflitti tra gli stati indiani che competono per l'accesso a fiumi come il Gange e il Cauvery. In Cina, la rapida crescita economica ha messo a dura prova le risorse idriche, mentre la costruzione di dighe e l'inquinamento dei fiumi hanno avuto ripercussioni ambientali e sociali. L'ambizioso progetto di trasferimento dell'acqua dal sud al nord del Paese, pur essendo necessario, ha suscitato preoccupazioni circa i suoi effetti sulle regioni donatrici.

In Brasile, l'abbondanza di risorse idriche contrasta con notevoli difficoltà di gestione. Nonostante disponga di una delle maggiori riserve di acqua dolce al mondo, il Paese si trova ad affrontare carenze in regioni come il Nord-Est, dove la siccità è un problema cronico. La rapida urbanizzazione e l'inquinamento dei fiumi e dei bacini idrici stanno aggravando la situazione, soprattutto nelle zone periferiche e rurali. L'Agenzia nazionale per l'acqua (ANA) svolge un ruolo centrale nella gestione delle risorse idriche, ma l'attuazione delle politiche è spesso insufficiente, evidenziando la necessità di un approccio più integrato e sostenibile.

L'Amazzonia, a sua volta, deve affrontare sfide uniche legate all'esplorazione mineraria, alla deforestazione e alla costruzione di centrali idroelettriche, che hanno un impatto sugli ecosistemi acquatici della regione. L'adozione di pratiche agricole sostenibili, gli investimenti nei servizi igienici di base e la promozione della partecipazione sociale sono misure essenziali per garantire una gestione equa e sostenibile delle risorse idriche nel Paese.

In un mondo sempre più segnato dalla scarsità d'acqua, il rapporto tra acqua ed energia continua a plasmare le dinamiche geopolitiche. L'accesso all'acqua è spesso utilizzato come strumento di controllo, esacerbando disuguaglianze e conflitti. La gestione sostenibile ed equa delle risorse idriche non è quindi solo una questione tecnica, ma un imperativo etico e politico, essenziale per garantire la pace e la sicurezza globale.

LA SOVRANITÀ DI UN PAESE
SOTTO L'EGIDA DELL'ACQUA

L'acqua è una risorsa essenziale per la sopravvivenza umana e lo sviluppo economico di qualsiasi nazione. La sua disponibilità non solo sostiene la vita, ma determina anche la capacità di un paese di garantire la sicurezza alimentare, generare energia e promuovere la crescita industriale. In questo senso, l'acqua trascende la sua funzione biologica e assume un ruolo strategico, influenzando la sovranità e il potere nazionale. La gestione efficiente delle risorse idriche costituisce pertanto un pilastro fondamentale per la stabilità politica, la sicurezza interna e la proiezione internazionale di uno Stato.

A livello nazionale, l'acqua è una questione di sicurezza nazionale. La scarsità d'acqua può innescare conflitti sociali e politici, soprattutto nelle regioni in cui l'accesso a questa risorsa non è uniforme. Le controversie sul controllo dei bacini fluviali, delle falde acquifere e delle fonti d'acqua spesso esacerbano le tensioni tra diversi gruppi etnici, comunità o addirittura stati federati. In Brasile, ad esempio, la competizione per l'acqua nel nord-est semiarido è stata storicamente fonte di conflitto, mentre in India le controversie interstatali su fiumi come il Cauvery e il Gange dimostrano come una cattiva gestione delle risorse idriche possa minare la coesione nazionale.
Sulla scena internazionale, il possesso di risorse idriche conferisce potere geopolitico. I paesi dotati di grandi riserve di acqua dolce, come Brasile, Russia, Canada e Stati Uniti, occupano una posizione privilegiata sulla scena mondiale. Queste risorse possono essere utilizzate come merce di scambio nei negoziati diplomatici o come strumento di pressione politica. Tuttavia, le carenze nelle regioni di confine possono anche causare conflitti tra nazioni. Tra gli esempi emblematici rientrano le tensioni tra Egitto, Etiopia e Sudan in merito alla diga Grand Renaissance sul fiume Nilo

e le controversie tra Israele e Palestina sul controllo delle falde acquifere in Cisgiordania.

La geopolitica dell'acqua è profondamente influenzata da due fenomeni globali: il cambiamento climatico e la globalizzazione. Il riscaldamento globale ha alterato i modelli delle precipitazioni, aumentato la frequenza di siccità e inondazioni e ridotto la disponibilità di acqua nelle regioni critiche. I paesi che dipendono fortemente dalle risorse idriche per l'agricoltura e l'energia, come quelli del Medio Oriente e del Nord Africa, sono particolarmente vulnerabili. La globalizzazione, a sua volta, ha intensificato la competizione per l'acqua, con le multinazionali che cercano di controllarne la produzione e la distribuzione in diverse parti del mondo. Questo scenario mette in discussione la sovranità delle nazioni che non sono in grado di proteggere le proprie risorse idriche dallo sfruttamento esterno.

La sovranità di un Paese sulle proprie risorse idriche è sia un diritto che una responsabilità. Sebbene la comunità internazionale riconosca il diritto di gestire le proprie acque, una cattiva gestione può portare a crisi interne e conflitti transfrontalieri. I paesi ricchi di acqua si trovano ad affrontare la sfida di bilanciare l'uso sostenibile di questa risorsa con la crescente domanda di una popolazione in espansione e di un'economia diversificata.

L'Amazzonia, ad esempio, nonostante ospiti il bacino idrografico più grande del mondo, è sottoposta a pressioni derivanti dalla deforestazione, dall'attività mineraria e dalla costruzione di centrali idroelettriche, che minacciano l'integrità dei suoi ecosistemi.

Una gestione sostenibile delle risorse idriche richiede politiche pubbliche solide e investimenti nelle infrastrutture. Ciò include la modernizzazione dei sistemi di irrigazione, la costruzione di bacini di raccolta e di impianti di trattamento e la promozione di pratiche agricole che riducano il consumo di acqua. Inoltre, è essenziale garantire l'accesso universale all'acqua potabile, soprattutto nelle aree rurali e periferiche, dove la mancanza di servizi igienici di base è ancora una realtà per milioni di persone. In Brasile, l'Agenzia nazionale per l'acqua (ANA) svolge un ruolo centrale nel coordinamento di queste politiche, ma la loro efficace attuazione richiede una maggiore integrazione tra i livelli federale, statale e municipale.

Una corretta gestione delle risorse idriche comporta anche vantaggi economici. L'accesso all'acqua pulita e sicura è essenziale per lo sviluppo di settori quali l'agricoltura, l'industria e il turismo. Nel caso del Brasile, l'esportazione di prodotti agricoli, come la soia e la carne, dipende direttamente dalla disponibilità di acqua per l'irrigazione. Inoltre, la produzione di energia idroelettrica, che rappresenta oltre il 60% della matrice energetica del Paese, è intrinsecamente legata alla gestione efficiente delle risorse idriche. L'acqua, quindi, non è solo una risorsa vitale, ma anche un bene strategico che può stimolare la crescita economica e l'integrazione internazionale di un Paese.

La privatizzazione dell'acqua, sebbene controversa, è stata adottata in alcuni paesi come soluzione per migliorare l'efficienza della gestione. Tuttavia, questo approccio deve essere attentamente regolamentato per evitare l'esclusione delle comunità vulnerabili e aumenti tariffari incontrollati.

In breve, la sovranità di un Paese sulle proprie risorse idriche è una questione centrale nella geopolitica contemporanea. L'acqua è una risorsa finita e sempre più scarsa, la cui gestione richiede una visione strategica, cooperazione internazionale e un impegno per la sostenibilità. Per paesi come Brasile, Stati Uniti, Canada e Russia, che possiedono una quota significativa delle riserve mondiali di acqua dolce, la responsabilità è ancora maggiore. Garantire un equo accesso all'acqua, promuoverne un uso sostenibile ed evitare conflitti legati a questa risorsa sono sfide che definiranno il futuro non solo di un Paese, ma dell'intera umanità.

IL POTERE INTERNAZIONALE DELL'ACQUA

Sulla scena mondiale, l'acqua emerge come una risorsa strategica la cui gestione trascende i confini nazionali, influenzando le relazioni diplomatiche, economiche e ambientali. Le controversie sulle risorse idriche transfrontaliere sono una fonte costante di tensione tra i paesi, soprattutto nelle regioni in cui fiumi, laghi e falde acquifere sono condivisi da più nazioni. La costruzione di dighe, la deviazione dei corsi d'acqua e l'uso eccessivo delle risorse idriche in un Paese possono avere un impatto profondo sulla disponibilità idrica di altri, generando conflitti che richiedono complesse soluzioni diplomatiche.

Le tensioni tra Egitto, Etiopia e Sudan in merito alla Grande Diga della Rinascita Etiope (GERD) ruotano attorno alla gestione delle risorse idriche del fiume Nilo, una delle fonti di acqua dolce più strategiche al mondo. Si tratta di un conflitto geopolitico, economico e ambientale che coinvolge controversie sulla sovranità, sulla sicurezza idrica e sullo sviluppo energetico.

Contesto della costruzione della diga

La GERD, lanciata dall'Etiopia nel 2011, è la più grande centrale idroelettrica dell'Africa e si trova sul Nilo Azzurro, uno dei due principali affluenti del Nilo. La diga è progettata per generare 6.450 MW di elettricità, dando impulso all'economia etiope e riducendo la sua dipendenza da fonti energetiche esterne. L'Etiopia ritiene che i posti di lavoro siano essenziali per il suo sviluppo e afferma che milioni di suoi cittadini vivono senza elettricità.

I tre paesi e le loro preoccupazioni

Egitto:L'Egitto dipende quasi esclusivamente dal Nilo per l'approvvigionamento di acqua potabile, l'agricoltura e l'industria.

Con una popolazione di oltre 110 milioni di persone, il Paese teme che il GERD ridurrà drasticamente il flusso d'acqua sul suo territorio, mettendo a repentaglio la sicurezza idrica e alimentare. L'Egitto si basa su accordi storici come quelli del 1929 e del 1959, firmati sotto l'influenza britannica, che garantirono all'Egitto e al Sudan la maggioranza assoluta delle acque del Nilo, senza la partecipazione dell'Etiopia, che non riconosce tali trattati.

Sudan: Il Sudan ha una posizione ambigua. Inizialmente il Paese vedeva il GERD come una minaccia e temeva che avrebbe avuto ripercussioni sulla regolazione del flusso dei fiumi e possibili inondazioni. Col tempo, tuttavia, il Sudan iniziò a vederne i benefici, poiché la diga avrebbe potuto ridurre le inondazioni incontrollate e generare elettricità a basso costo, importante per lo sviluppo agricolo e industriale del Paese.

Etiopia:L'Etiopia sostiene di avere il diritto sovrano di utilizzare le sue acque e vede la diga come un progetto di orgoglio nazionale e di autosufficienza. Il paese vede le rivendicazioni dell'Egitto come un tentativo di mantenere un monopolio ingiusto sul Nilo, ereditato dal periodo coloniale. Inoltre, l'Etiopia ha già iniziato a riempire il bacino del GERD, nonostante le obiezioni dell'Egitto.

Principali tensioni e tentativi di accordo

- **2015**Egitto, Sudan ed Etiopia hanno firmato un accordo preliminare sull'utilizzo delle acque del Nilo, ma la principale situazione di stallo riguardante il programma di riempimento del bacino idrico GERD non è stata risolta.

- **2020-2021**L'Etiopia ha iniziato unilateralmente a riempire la diga, provocando forti reazioni da parte di Egitto e Sudan.

- **Negoziazioni mediate**L'Unione Africana, gli Stati Uniti e altre potenze non sono riusciti a produrre un accordo vincolante.

- **L'Egitto ha minacciato di intervenire militarmente**, suggerendo che "tutte le opzioni sono sul tavolo" per proteggere il loro accesso all'acqua.

- **L'Etiopia completa il riempimento del quarto bacino nel 2023,** aumentando ulteriormente le tensioni.

Implicazioni geopolitiche

1. **Interferenza internazionale**Paesi come gli Stati Uniti, la Cina, la Turchia e le potenze del Golfo hanno interessi strategici nel conflitto.

2. **Rischio di conflitto militare**Sebbene improbabile, sussistono minacce di attacchi aerei egiziani sulla diga.

3. **Crisi idrica e cambiamento climatico**Il problema è aggravato dalla crescita demografica e dalle variazioni climatiche nella regione.

Possibili scenari

- **Accordo diplomatico:**Le parti potrebbero raggiungere un consenso sulla gestione condivisa delle risorse idriche.

- **Erosione dell'influenza egiziana**L'Egitto potrebbe perdere la sua supremazia storica sul Nilo.

- **Escalation militare**Se i negoziati fallissero, potrebbe scoppiare un conflitto regionale che coinvolgerebbe tutti e tre i paesi.

Si tratta di uno dei conflitti idrici più importanti al mondo ed esemplifica come le risorse naturali possano essere catalizzatori di tensioni geopolitiche.

Le tensioni tra Israele e Palestina sulle falde acquifere della Cisgiordania rappresentano uno degli aspetti più critici del conflitto, poiché riguardano il controllo e l'accesso all'acqua, una risorsa scarsa e strategica in Medio Oriente. La disputa si inquadra nel contesto più ampio dell'occupazione israeliana e dell'incerto status politico della Cisgiordania, che rende la questione dell'acqua un fattore di potere, sicurezza e sopravvivenza per entrambe le parti.

Le principali risorse idriche contese

La Cisgiordania ospita la più grande riserva di acqua dolce della regione: la falda acquifera montana, che si estende sotto il territorio palestinese e rifornisce anche Israele. Questa falda acquifera è suddivisa in tre bacini principali:

1. **Bacino Occidentale**– Il più ricco d'acqua, che scorre verso Israele.
2. **Bacino orientale**– Meno esplorata, situata interamente in Cisgiordania.
3. **Bacino del Nord-Est**– Fornisce acqua principalmente agli insediamenti e alle aree palestinesi.

Oltre alle falde acquifere, un'altra fonte idrica fondamentale nella regione è il fiume Giordano, il cui accesso da parte dei palestinesi è anch'esso limitato.

Le posizioni di entrambe le parti – Israele

Israele controlla circa l'80% dell'acqua nell'acquifero montano e giustifica questa posizione basandosi su:

- **Sicurezza idrica**Israele soffre di carenza di acqua e la considera una risorsa strategica.
- **Accordi precedenti**L'accordo di Oslo II (1995) stabilì che Israele avrebbe trattenuto la maggior parte dell'acqua della Cisgiordania.
- **Infrastruttura e tecnologia**Israele sostiene di aver investito molto nella costruzione di reti idriche e di impianti di desalinizzazione, giustificando così il suo predominio sulle risorse.

Palestina

I palestinesi ricevono solo il 20% dell'acqua dall'acquifero montano e considerano questa situazione ingiusta e oppressiva, sostenendo che:

- Israele limita l'accesso alla perforazione di nuovi pozzi.
- Gli insediamenti israeliani in Cisgiordania consumano una quantità sproporzionata di acqua.
- Il controllo israeliano danneggia l'agricoltura palestinese e compromette la fattibilità di uno Stato palestinese indipendente.

Principali tensioni e conflitti correlati

1. **Controllo della fonte idrica**
   - Israele controlla direttamente l'Autorità idrica della Cisgiordania, il che rende difficile per i palestinesi perforare nuovi pozzi.
   - Spesso i palestinesi fanno affidamento sulle autocisterne per l'acqua e pagano prezzi molto più alti rispetto ai coloni israeliani.

2. **Insediamenti e consumi ineguali**
   - Gli insediamenti israeliani illegali in Cisgiordania hanno accesso diretto all'acqua, spesso in quantità molto maggiori rispetto alle vicine comunità palestinesi.
   - In media, un colono israeliano in Cisgiordania consuma 300 litri d'acqua al giorno, mentre molti palestinesi vivono con meno di 70 litri al giorno, una quantità inferiore al minimo raccomandato dall'OMS.

3. **Il fiume Giordano e l'emarginazione palestinese**
   - Israele ha deviato il corso del fiume

Giordano, riducendo la quantità d'acqua a disposizione dei palestinesi.

- L'accesso dei palestinesi al fiume è estremamente limitato, il che ostacola lo sviluppo economico della regione.

4. **Accordi di pace e occasioni mancate**
   - L'accordo di Oslo II (1995) avrebbe dovuto garantire una maggiore cooperazione, ma Israele mantenne il controllo sulla maggior parte delle risorse idriche.
   - I tentativi di negoziazione furono frustrati dalla mancanza di consenso sulla sovranità della Cisgiordania.

Implicazioni geopolitiche

- **Crisi umanitaria**La scarsità d'acqua aggrava la situazione dei palestinesi e ha ripercussioni sulla salute, sull'agricoltura e sullo sviluppo urbano.
- **Espansione degli insediamenti**Israele usa il controllo delle risorse idriche come strumento per consolidare la sua occupazione della Cisgiordania.
- **Interferenza internazionale**Organizzazioni come l'ONU e le ONG mettono in guardia contro la disuguaglianza nell'accesso all'acqua, ma la pressione internazionale ha avuto effetti limitati.
- **Rischio di conflitto militare**Gravi restrizioni all'approvvigionamento potrebbero intensificare disordini e scontri armati.

Possibili scenari

1. **Accordo di condivisione dell'acqua**– Israele e Palestina potrebbero negoziare una distribuzione più equilibrata delle risorse, cosa già suggerita in discussioni precedenti.
2. **Continuazione dello status quo**– Israele mantiene il

controllo e i palestinesi fanno affidamento su fonti alternative, peggiorando la disuguaglianza.

3. **Escalation del conflitto**– Se la crisi idrica dovesse peggiorare, potrebbe diventare un fattore scatenante ancora più forte per proteste, violenze e tensioni regionali.

La questione dell'acqua in Cisgiordania è più di una semplice disputa ambientale: è il riflesso del conflitto territoriale tra Israele e Palestina, dove il controllo sulle risorse naturali definisce chi può vivere, svilupparsi e prosperare nella regione.

L'acqua è una risorsa fondamentale per settori quali l'agricoltura, l'industria e la produzione di energia, e la sua disponibilità o scarsità può influenzare direttamente la produttività e la competitività delle nazioni. Ad esempio, la scarsità d'acqua in Medio Oriente e Nord Africa ha limitato il potenziale agricolo della regione, aumentando la dipendenza dalle importazioni di cibo ed esacerbando le vulnerabilità economiche.

Ma l'acqua può anche essere un elemento di cooperazione tra le nazioni. Una gestione efficiente e sostenibile dei bacini idrografici condivisi può promuovere la pace e lo sviluppo regionale. Accordi come il Trattato sulle acque dell'Indo tra India e Pakistan e la Convenzione delle Nazioni Unite sulla protezione e l'uso dei corsi d'acqua transfrontalieri e dei laghi internazionali dimostrano che la diplomazia dell'acqua può portare a soluzioni reciprocamente vantaggiose. La condivisione di tecnologie per la conservazione dell'acqua, l'implementazione di pratiche agricole sostenibili e la risoluzione pacifica delle controversie sono esempi di come l'acqua può unire i paesi attorno a obiettivi comuni.

La gestione sostenibile delle risorse idriche è essenziale non solo per soddisfare i bisogni umani, ma anche per proteggere l'ambiente e garantire la sopravvivenza degli ecosistemi acquatici. L'inquinamento dei fiumi, il degrado delle falde acquifere e gli effetti dei cambiamenti climatici rappresentano minacce significative per la sicurezza idrica globale. L'inquinamento causato dai rifiuti industriali, dai pesticidi e dalle acque reflue domestiche ha compromesso la qualità dell'acqua in diverse regioni, mentre il riscaldamento globale sta alterando i modelli delle precipitazioni e aumentando la frequenza di eventi estremi come siccità e inondazioni.

In questo contesto, la gestione sostenibile delle risorse idriche deve adottare un approccio olistico che bilanci le esigenze umane con la tutela dell'ambiente. Ciò include la promozione di politiche di conservazione, l'investimento in infrastrutture igienico-sanitarie di base e l'adozione di tecnologie che riducano gli sprechi e aumentino l'efficienza nell'uso dell'acqua. Inoltre, è essenziale coinvolgere le comunità locali, i governi e le organizzazioni internazionali nel processo decisionale, garantendo che la gestione delle risorse idriche sia inclusiva e trasparente.

In breve, il potere internazionale dell'acqua riflette la sua duplice natura di fonte di conflitto e di cooperazione. Sebbene la scarsità e la cattiva gestione possano esacerbare le tensioni geopolitiche, l'acqua offre anche opportunità uniche per la costruzione di ponti diplomatici e lo sviluppo sostenibile. La capacità di gestire questa risorsa in modo equo e responsabile sarà una delle più grandi sfide del XXI secolo, determinando non solo il futuro delle relazioni internazionali, ma anche la sopravvivenza degli ecosistemi e delle comunità in tutto il mondo.

L'ACQUA COME RISORSA STRATEGICA: CONTROVERSIE POLITICHE E MILITARI.

L'acqua è stata oggetto di controversie politiche e militari in varie parti del mondo. In alcune regioni, le controversie hanno riguardato stati che condividono bacini fluviali transfrontalieri, come il fiume Indo tra India e Pakistan. In altre situazioni, la controversia ha riguardato paesi per le risorse idriche condivise, come nel caso del Mar Cinese Meridionale, dove la Cina rivendica la maggior parte del territorio, generando conflitti con Filippine, Vietnam, Malesia, Brunei e Taiwan.

La controversia sul Mar Cinese Meridionale è uno dei conflitti geopolitici più complessi al mondo e coinvolge questioni di sovranità, commercio, sicurezza militare e risorse naturali. La Cina rivendica quasi il 90% di questa regione marittima, sulla base della cosiddetta linea dei nove tratti, generando tensioni con i paesi vicini.

Oltre alla sua importanza strategica e militare, il Mar Cinese Meridionale contiene vaste riserve di petrolio, gas naturale e ricche riserve ittiche, il che lo rende un importante punto di contesa per le risorse idriche condivise.

Le richieste e i paesi coinvolti
La disputa principale riguarda isole, scogliere e banchi di sabbia rivendicati da diverse nazioni. I principali punti di stress includono:

1. **Isole Paracelso (Xisha)**– Contesa tra Cina, Taiwan e Vietnam.
2. **Isole Spratly (Nansha)**– Rivendicato da Cina, Taiwan, Filippine, Vietnam, Malesia e Brunei.
3. **Banca di Scarborough**– Contesa tra Cina e Filippine.
4. **Barriere coralline e isolotti**– La Cina ha trasformato

le barriere coralline in isole artificiali militarizzate, espandendo il suo dominio sulla regione.

La Cina basa le sue rivendicazioni storiche sulla cosiddetta "linea a nove tratti", una mappa pubblicata negli anni '40 che ignora i confini marittimi stabiliti dalla Convenzione delle Nazioni Unite sul diritto del mare (UNCLOS). I paesi del Sud-Est asiatico, d'altro canto, sostengono che la Cina stia violando i loro diritti territoriali ed economici.

Il ruolo delle risorse naturali nella controversia

Il Mar Cinese Meridionale è strategicamente cruciale per diversi motivi:

- **Riserve di petrolio e gas**
  Gli studi indicano che la regione potrebbe contenere tra 7 e 11 miliardi di barili di petrolio e 190 trilioni di piedi cubi di gas naturale, il che la rende fondamentale per l'approvvigionamento energetico dell'Asia.
- **Pesca e sicurezza alimentare**
  Il mare ospita il 10% delle risorse ittiche mondiali, il che lo rende essenziale per milioni di persone nei paesi limitrofi. La Cina è stata accusata di impoverire le riserve ittiche, aumentando le tensioni con Filippine e Vietnam.
- **Rotte commerciali globali**
  Ogni anno attraverso il Mar Cinese Meridionale transitano scambi commerciali marittimi per un valore di circa 3.000 miliardi di dollari. Qualsiasi conflitto potrebbe avere ripercussioni sul commercio globale, soprattutto per paesi come Giappone, Corea del Sud e Stati Uniti.

Principali tensioni e conflitti

1. **Militarizzazione delle isole**
   - La Cina ha costruito basi militari su isole

artificiali, dotate di piste di atterraggio, radar e missili.

- Gli Stati Uniti e i loro alleati portano avanti missioni di "libertà di navigazione", sfidando le pretese cinesi.

2. **Sentenza della Corte Internazionale di Giustizia (2016)**

- Le Filippine hanno portato la controversia alla Corte permanente di arbitrato dell'Aia, la quale ha stabilito che la Cina non aveva alcuna base giuridica per la sua rivendicazione sul Mar Cinese Meridionale.
- **La Cina ha respinto la decisione**, intensificando le sue azioni nella regione.

3. **Scontri militari e conflitti di pesca**

- Frequenti scontri tra pescherecci cinesi e motovedette provenienti dal Vietnam e dalle Filippine.
- Gli incidenti che coinvolgono navi militari aumentano il rischio di scontri armati.

Interferenze internazionali e scenari futuri

- **Stati Uniti e Giappone**Sostenere i paesi del Sud-Est asiatico e condannare l'espansione cinese.
- **La Cina cerca di consolidare il suo dominio**, ma si scontra con resistenza diplomatica e sanzioni.
- **Possibilità di un conflitto armato?**– Piccoli incidenti possono diventare più grandi, ma l'interesse economico tende a mantenere la stabilità.

La disputa sul Mar Cinese Meridionale non è solo una questione di territorio, ma di controllo delle risorse strategiche e di equilibrio di potere nell'Indo-Pacifico.

Oltre alle controversie politiche, in alcune regioni l'acqua è stata oggetto di conflitti militari. Ad esempio, durante la guerra in Afghanistan, i talebani tagliarono le forniture d'acqua alla città di

Kabul, creando una crisi umanitaria. Durante il regime talebano in Afghanistan (1996-2001), la città di Kabul ha subito una grave crisi umanitaria perché l'organizzazione ha interrotto la fornitura d'acqua. I talebani controllavano la diga di Kajaki sul fiume Helmand e tagliarono le forniture d'acqua a Kabul nel tentativo di fare pressione sull'Alleanza del Nord, che stava combattendo il regime talebano. Il taglio dell'acqua ha creato una grave crisi umanitaria a Kabul, che già prima del taglio si trovava in condizioni precarie di approvvigionamento idrico potabile.

La mancanza di acqua influiva sulla salute della popolazione, aumentando l'incidenza di malattie trasmesse dall'acqua, come il colera e la dissenteria. Inoltre, la carenza d'acqua ha avuto ripercussioni anche sulla produzione agricola, provocando carenze alimentari e aumentando i prezzi dei prodotti di base.
La comunità internazionale ha risposto alla carenza idrica a Kabul esercitando pressioni sui talebani affinché ripristinassero la fornitura idrica alla città. Tuttavia, il regime talebano si rifiutò di fare marcia indietro e la crisi umanitaria a Kabul peggiorò ulteriormente. La situazione si risolse solo con la caduta del regime talebano nel 2001, quando le forze dell'Alleanza del Nord riconquistarono la diga di Kajaki. La guerra dei talebani per il controllo della diga di Kajaki e del fiume Helmand dimostra come l'acqua possa essere una risorsa strategica utilizzata nei conflitti politici e militari. Una gestione sostenibile delle risorse idriche è essenziale per prevenire i conflitti e garantire un accesso equo e sostenibile all'acqua potabile per tutte le popolazioni.

In Siria, la guerra civile iniziata nel 2011 è stata fortemente influenzata dalla questione dell'acqua. La Siria è un paese con risorse idriche limitate e dipende fortemente dal fiume Eufrate, che condivide con la Turchia e l'Iraq. La gestione delle risorse idriche dell'Eufrate è da decenni oggetto di controversia tra i paesi e la Siria è stata particolarmente colpita dalle mutevoli politiche idriche della Turchia.
La costruzione di dighe sull'Eufrate da parte della Turchia ha

ridotto notevolmente il flusso d'acqua verso la Siria, soprattutto durante i mesi estivi, quando la domanda è più alta. Ciò ha avuto un impatto negativo sull'agricoltura siriana, che dipende in larga misura dall'acqua dell'Eufrate per l'irrigazione dei raccolti. La Siria deve affrontare anche problemi di inquinamento delle acque dovuti alla mancanza di trattamenti delle acque reflue e all'uso eccessivo di pesticidi e fertilizzanti.

Durante la guerra civile, i conflitti per l'acqua si intensificarono e la Turchia continuò a costruire dighe sull'Eufrate, riducendo ulteriormente il flusso d'acqua verso la Siria. Inoltre, i gruppi armati siriani hanno preso il controllo di alcune delle principali fonti idriche del Paese, utilizzandole come arma di guerra. Ad esempio, nel 2014 lo Stato Islamico ha interrotto la fornitura d'acqua alla città di Aleppo, provocando una grave crisi umanitaria.

La guerra civile in Siria ha dimostrato come l'acqua possa essere una risorsa strategica nei conflitti politici e militari, soprattutto nelle regioni in cui le risorse idriche sono limitate e condivise tra più Paesi.

Per risolvere i conflitti legati all'acqua è necessaria la cooperazione internazionale e politiche più efficaci. La disputa tra India e Pakistan sull'acqua risale alla divisione del subcontinente indiano nel 1947, quando il paese era diviso tra un'India a maggioranza indù e un Pakistan a maggioranza musulmana. A quel tempo, la divisione dei fiumi Indo, Jhelum e Chenab, importanti fonti d'acqua per entrambi i paesi, non era ancora chiaramente definita e la disputa sull'acqua iniziò poco dopo. La questione è diventata ancora più complessa con la costruzione da parte dell'India della diga di Baglihar sul fiume Chenab nel 2008. Il Pakistan ha affermato che la diga ha ridotto il flusso d'acqua nel paese, influenzando l'irrigazione delle colture e la produzione di energia idroelettrica. Il Pakistan portò il caso alla Corte permanente di arbitrato dell'Aia, che si pronunciò a favore dell'India, consentendo la prosecuzione della costruzione della diga ma imponendo alcune restrizioni al suo funzionamento.

La disputa tra India e Pakistan è un punto centrale di tensione tra i due Paesi e rappresenta una questione diplomatica di primaria importanza. Nel 1960 fu firmato un accordo tra i due paesi per la gestione dei fiumi Indo, Jhelum e Chenab e fu creata la Water Control Authority (Indus Water Commission).

L'accordo stabilisce che il Pakistan ha diritto a una quantità fissa di acqua dal fiume Indo, mentre l'India ha il diritto di utilizzare l'acqua del fiume Chenab per l'irrigazione e la produzione di energia idroelettrica. Nonostante l'accordo, le tensioni tra i due Paesi persistono. Il Pakistan sostiene che l'India sta costruendo troppe dighe sul fiume Chenab, riducendone la portata nel Paese. Inoltre, negli ultimi anni sono aumentate le tensioni politiche e militari tra i due Paesi, aumentando il rischio di un conflitto generalizzato.

La cooperazione tra i paesi è essenziale per prevenire conflitti civili e militari e garantire che le risorse idriche siano utilizzate in modo sostenibile per soddisfare le esigenze delle popolazioni locali.

L'ACQUA COME RISORSA ECONOMICA: COMMERCIO INTERNAZIONALE, MERCATO FINANZIARIO E INVESTIMENTI.

L'acqua, oltre a essere una risorsa vitale per la sopravvivenza umana, è diventata un bene economico di grande rilevanza sullo scenario mondiale. La sua importanza trascende la sfera ambientale e sociale, influenzando direttamente il commercio internazionale, i mercati finanziari e i flussi di investimento. Tuttavia, la monetizzazione dell'acqua solleva anche questioni etiche e pratiche, soprattutto per quanto riguarda l'accesso equo e la gestione sostenibile di questa risorsa.

Commercio internazionale di acqua

Il commercio internazionale di acqua avviene quando l'acqua viene trasportata tra paesi tramite cisterne, canali o condotte. Questa pratica è più comune nelle regioni in cui la scarsità d'acqua è acuta e la domanda di acqua potabile o di acqua per scopi industriali è elevata. Il commercio può riguardare diverse forme di acqua, tra cui acqua dolce, acqua salata desalinizzata, acqua in bottiglia e persino "acqua virtuale", un concetto che si riferisce al volume di acqua utilizzato nella produzione di beni e servizi, come cibo e prodotti industriali.

Un esempio emblematico è il commercio di acqua in bottiglia, che ogni anno muove miliardi di dollari. Le multinazionali sfruttano le risorse naturali dei paesi ricchi di acqua, come la Francia e le isole Figi, per rifornire i mercati delle regioni aride o con infrastrutture carenti. Inoltre, i progetti di desalinizzazione e di trasferimento dell'acqua tra paesi, come quello proposto tra Turchia e Cipro, hanno acquisito importanza come soluzioni alla scarsità d'acqua.

Mercato finanziario e investimenti nelle risorse idriche

Il mercato finanziario legato all'acqua è costituito da investimenti in società operanti nella gestione delle risorse idriche, nelle infrastrutture di approvvigionamento, nelle tecnologie di conservazione e nei progetti di riutilizzo. Gli investitori possono acquistare azioni di società del settore idrico oppure investire in fondi di investimento specializzati, come i "fondi idrici", che concentrano le loro risorse su società legate all'acqua.

Negli ultimi anni, gli investimenti nelle infrastrutture idriche sono cresciuti in modo significativo, soprattutto nei paesi in via di sviluppo che cercano di attrarre capitali stranieri per finanziare progetti di irrigazione, trattamento delle acque e delle acque reflue, costruzione di dighe e bacini idrici e iniziative di conservazione. In India, ad esempio, sono stati fatti grandi investimenti per modernizzare i sistemi di irrigazione e costruire impianti di trattamento delle acque per soddisfare le esigenze di una popolazione in rapida crescita.

Sfide e preoccupazioni

Nonostante i vantaggi economici, la commercializzazione e la finanziarizzazione dell'acqua hanno sollevato notevoli preoccupazioni. Molti sostengono che l'acqua sia un diritto umano fondamentale e che la sua trasformazione in una merce potrebbe comprometterne l'equo accesso, soprattutto nei paesi poveri e vulnerabili. La mancanza di regolamentazione e trasparenza negli investimenti e nel commercio dell'acqua può portare a pratiche predatorie, come lo sfruttamento eccessivo delle falde acquifere e il degrado degli ecosistemi acquatici.

Inoltre, la privatizzazione dei servizi idrici e igienico-sanitari è stata oggetto di critiche in diverse parti del mondo. In alcuni casi, la gestione privata ha portato ad aumenti significativi delle tariffe, escludendo le comunità a basso reddito dall'accesso all'acqua pulita. Ad esempio, in Bolivia, la privatizzazione del sistema idrico di Cochabamba alla fine degli anni Novanta scatenò proteste di massa note come "Guerra dell'acqua", che culminarono con la ripresa del controllo pubblico sulla risorsa.

Opportunità per una gestione sostenibile

Per bilanciare gli interessi economici con le esigenze sociali e ambientali, è essenziale adottare politiche di gestione sostenibile delle risorse idriche. Ciò include la promozione di investimenti in tecnologie di conservazione, come sistemi di irrigazione efficienti e riutilizzo dell'acqua, e l'attuazione di quadri normativi che garantiscano trasparenza ed equità nella gestione delle risorse idriche.

Anche la cooperazione internazionale svolge un ruolo cruciale. Accordi come la Convenzione delle Nazioni Unite sui corsi d'acqua transfrontalieri forniscono linee guida per la gestione condivisa dei bacini fluviali, promuovendo la pace e la sostenibilità. Inoltre, iniziative come la Global Water Partnership mirano a coinvolgere governi, aziende e società civile nella ricerca di soluzioni innovative alle sfide idriche.

L'acqua, in quanto risorsa economica, presenta opportunità e sfide complesse. Il loro commercio e la loro finanziarizzazione possono stimolare lo sviluppo di infrastrutture e tecnologie, ma richiedono anche attenzione per evitare impatti negativi sull'equo accesso e sull'ambiente. Una gestione sostenibile e inclusiva delle risorse idriche sarà fondamentale per garantire che l'acqua continui a essere un motore di prosperità e non di conflitto nel XXI secolo.

L'IMPATTO DEL CAMBIAMENTO CLIMATICO SULLA DISPONIBILITÀ IDRICA: CARENZE, SICCIZIE E INONDAZIONI

Il cambiamento climatico rappresenta una delle sfide più grandi del XXI secolo, con impatti profondi e molteplici sulle risorse idriche globali. L'aumento della temperatura media globale, unito ai cambiamenti nei modelli delle precipitazioni, ha generato scenari estremi di scarsità d'acqua, siccità prolungate e inondazioni più frequenti e intense. Questi fenomeni non solo compromettono la disponibilità di acqua, ma aggravano anche le disuguaglianze socioeconomiche, minacciano gli ecosistemi e mettono a rischio la sicurezza alimentare e la salute umana.

Cambiamenti nei modelli di precipitazioni e temperature

Il riscaldamento globale, causato dalle emissioni di gas serra, ha alterato in modo significativo i cicli idrologici. Le regioni che tradizionalmente facevano affidamento su precipitazioni regolari stanno affrontando siccità più gravi e prolungate, mentre altre stanno sperimentando precipitazioni estreme concentrate in brevi periodi. Questi cambiamenti sono particolarmente evidenti in aree come il Sahel africano, dove la desertificazione sta avanzando rapidamente, e nel Sud-est asiatico, dove intensi monsoni hanno causato inondazioni catastrofiche.

Siccità: impatti e conseguenze

La siccità, aggravata dal cambiamento climatico, è uno dei fenomeni più devastanti per la disponibilità di acqua. Hanno effetti diretti sull'agricoltura, riducendo la produttività dei raccolti e minacciando la sicurezza alimentare di milioni di persone. Inoltre, la prolungata carenza di acqua compromette la fornitura di acqua potabile, aumentando l'incidenza di malattie legate alle scarse condizioni igieniche, come il colera e la diarrea.

Un altro impatto significativo della siccità è il degrado ambientale. La riduzione dei livelli dell'acqua nei fiumi, nei laghi e nelle falde acquifere ha ripercussioni sugli ecosistemi acquatici, provocando la perdita di biodiversità e la desertificazione di aree un tempo fertili. Gli incendi boschivi, come quelli che si sono verificati frequentemente in California (USA) e in Australia, sono aggravati dalla siccità, provocando danni irreparabili alla flora, alla fauna e alle comunità umane.

Alluvioni e tempeste: sfide e rischi

D'altro canto, l'aumento della frequenza e dell'intensità delle inondazioni e delle tempeste è uno degli aspetti più visibili del cambiamento climatico. Eventi di precipitazioni estreme, come quelli verificatisi in Pakistan nel 2022, che hanno lasciato un terzo del Paese sott'acqua, illustrano la portata delle sfide che il Paese deve affrontare. Le inondazioni non solo causano perdite umane e materiali, ma contaminano anche le fonti di acqua potabile, aumentando il rischio di malattie trasmesse dall'acqua, come l'epatite e la leptospirosi.

Inoltre, le inondazioni possono causare erosione del suolo e sedimentazione dei fiumi, compromettendo la qualità dell'acqua e la capacità di stoccaggio dei bacini idrici. Nelle regioni costiere, la combinazione di intense tempeste e innalzamento del livello del mare ha causato inondazioni catastrofiche, come quelle verificatesi in Bangladesh e nelle isole del Pacifico.

Conseguenze generali del riscaldamento globale

Il cambiamento climatico ha conseguenze interconnesse che vanno oltre la disponibilità di acqua. Le principali conseguenze includono quanto segue:

1. Innalzamento del livello del mare: lo scioglimento delle calotte polari e dei ghiacciai ha innalzato il livello del mare, minacciando le comunità costiere e le isole basse. Questo aumento aumenta il

rischio di inondazioni saline, che contaminano le falde acquifere e i terreni agricoli, compromettendo la sicurezza idrica e alimentare.

2. Scarsità d'acqua: la ridotta disponibilità di acqua nelle regioni aride e semi-aride ha intensificato i conflitti per le risorse idriche, come quelli osservati in Medio Oriente e Nord Africa. La carenza colpisce anche settori critici, come l'agricoltura e l'industria, con notevoli ripercussioni economiche.

3. Perdita di biodiversità: il cambiamento climatico sta causando l'estinzione delle specie e il degrado degli habitat naturali. Gli ecosistemi acquatici, come le barriere coralline e le mangrovie, sono particolarmente vulnerabili, con gravi conseguenze per la pesca e la protezione delle coste.

4. Impatti economici: gli eventi meteorologici estremi, come siccità e inondazioni, generano costi elevati per la ricostruzione delle infrastrutture e il recupero delle aree colpite. Inoltre, la riduzione della produttività agricola e l'interruzione delle catene di approvvigionamento hanno ripercussioni negative sull'economia globale.

5. Salute umana: il cambiamento climatico aumenta la diffusione di malattie trasmesse da vettori, come la malaria e la dengue, ed espone le popolazioni a condizioni estreme, come ondate di calore e freddo intenso. Anche la mancanza di acqua pulita e il crescente inquinamento delle acque contribuiscono al deterioramento della salute pubblica.

Il cambiamento climatico sta ridefinendo la disponibilità e la distribuzione delle risorse idriche su scala globale, con conseguenze che vanno dalla scarsità cronica alle inondazioni estreme. Per affrontare queste sfide è fondamentale adottare politiche di adattamento e mitigazione che promuovano la gestione sostenibile delle risorse idriche, la conservazione degli ecosistemi e la riduzione delle emissioni di gas serra. La cooperazione internazionale e gli investimenti in tecnologie innovative saranno essenziali per garantire la resilienza e la sicurezza idrica per le generazioni future.

GESTIONE E GOVERNANCE DELLE ACQUE: POLITICHE PUBBLICHE, LEGISLAZIONE E ACCORDI INTERNAZIONALI

La gestione e la governance delle risorse idriche sono pilastri essenziali per garantire la sostenibilità e la sicurezza idrica su scala globale. Questi processi richiedono l'attuazione di politiche pubbliche efficaci, di una legislazione solida e di accordi internazionali che promuovano la protezione e la gestione equa e sostenibile delle risorse idriche. Nel contesto brasiliano, la gestione delle risorse idriche è regolata dalla Legge sulle risorse idriche (Legge n. 9.433/1997), che stabilisce i principi, gli obiettivi e gli strumenti della Politica nazionale delle risorse idriche. Questa legislazione pone l'accento su una gestione partecipativa, decentralizzata e integrata, che coinvolga i governi, la società civile, il settore privato e le comunità locali.

Inoltre, il Brasile è firmatario di diversi accordi internazionali relativi all'acqua, come la Convenzione sui diritti sull'acqua (1992), nota anche come Convenzione di Dublino, e la Convenzione quadro delle Nazioni Unite sui cambiamenti climatici (1994). Questi accordi rafforzano l'impegno del Paese nella tutela delle risorse idriche e nella cooperazione internazionale per affrontare sfide globali quali la scarsità d'acqua, il cambiamento climatico e il degrado ambientale.

La Convenzione di Dublino e la gestione sostenibile delle acque

La Convenzione di Dublino, adottata nel 1992 durante la Conferenza delle Nazioni Unite sull'ambiente e lo sviluppo (UNCED) tenutasi a Rio de Janeiro, rappresenta una pietra miliare internazionale per la gestione integrata e sostenibile delle risorse idriche. La Convenzione riconosce l'acqua come una risorsa finita e vitale, sottolineando la necessità di garantire l'accesso universale all'acqua potabile e ai servizi igienici di base. Stabilisce inoltre principi quali la gestione partecipativa, la conservazione degli ecosistemi acquatici e la cooperazione internazionale.

La Convenzione di Dublino è stata completata dall'Agenda 21, un piano d'azione globale per lo sviluppo sostenibile, che include linee guida specifiche per la gestione integrata delle risorse idriche. Nonostante questi progressi, la gestione delle risorse idriche continua a dover affrontare sfide significative, come la cattiva distribuzione delle risorse idriche, la mancanza di accesso all'acqua potabile nelle regioni vulnerabili e gli impatti dei cambiamenti climatici.

La Convenzione quadro delle Nazioni Unite sui cambiamenti climatici (UNFCCC)

La Convenzione quadro sulle condizioni del cambiamento climatico (UNFCCC), adottata nel 1994, è un trattato internazionale che mira a contrastare i cambiamenti climatici e a mitigarne gli effetti. La convenzione riconosce che il cambiamento climatico rappresenta una minaccia globale che colpisce in particolar modo i paesi in via di sviluppo. Stabilisce principi quali la responsabilità comune ma differenziata e la necessità che i paesi sviluppati guidino gli sforzi per ridurre le emissioni di gas serra.

L'UNFCCC promuove la celebrazione di Conferenze delle Parti (COP), che mirano a discutere e migliorare le misure adottate dai Paesi. La COP21, tenutasi a Parigi nel 2015, ha portato all'Accordo di Parigi, una pietra miliare storica che fissa obiettivi ambiziosi per limitare l'aumento della temperatura globale a meno di 2°C rispetto ai livelli preindustriali. L'accordo sottolinea inoltre l'importanza dell'adattamento ai cambiamenti climatici e della finanza per il clima nei paesi in via di sviluppo.

COP22 e il rafforzamento dell'accordo di Parigi

La 22a Conferenza delle Parti sui cambiamenti climatici (COP22), tenutasi dal 7 al 18 novembre 2016 a Marrakech, in

Marocco, ha rappresentato una pietra miliare nel processo di regolamentazione e attuazione dell'accordo di Parigi. Secondo le informazioni fornite dall'Agência Brasil (2016), i paesi partecipanti hanno ribadito il loro impegno a ridurre il riscaldamento globale e hanno stabilito un programma di lavoro per raggiungere questo obiettivo in due anni.

Secondo Carlos Rittl, segretario esecutivo dell'Osservatorio sul clima, e Marcelo Furtado, coordinatore della Coalizione brasiliana per il clima, le foreste e l'agricoltura, la COP22 ha avuto un carattere prevalentemente tecnico, a differenza della COP21, tenutasi nel 2015 a Parigi, che è stata caratterizzata da decisioni politiche di alto livello. Rittl ha sottolineato che il Brasile ha svolto un ruolo importante nella definizione di un programma che può generare risultati positivi nei prossimi anni, anche se il successo dipende dall'impegno effettivo di tutti i Paesi.

Rittl ha sostenuto che il Brasile deve integrare il cambiamento climatico come parte centrale del suo programma di sviluppo, poiché la questione è attualmente trattata come una questione secondaria. Ha sottolineato l'importanza di misure quali il completamento del Catasto Ambientale Rurale (CAR), il recupero delle aree disboscate illegalmente e il collegamento del credito rurale a pratiche di gestione ambientale sostenibile. Furtado ha inoltre sottolineato l'impegno non solo del governo brasiliano, ma anche delle organizzazioni della società civile e del settore privato, nell'attuazione di azioni concrete. Ha sottolineato la necessità di una "orchestrazione congiunta" con la partecipazione attiva del settore privato e delle agenzie di finanziamento.

Furtado ha sostenuto la piena attuazione del Codice forestale, l'espansione dei programmi di assistenza tecnica per pratiche a basse emissioni di carbonio e lo sviluppo di strategie per ripristinare le aree degradate. Ha inoltre proposto di risarcire i proprietari terrieri che mantengono in piedi le foreste e di offrire finanziamenti più generosi agli agricoltori che adottano pratiche agricole a basse emissioni di carbonio.

Il Ministero dell'Ambiente (MMA) ha pubblicato una valutazione preliminare della partecipazione del Brasile alla COP22, in cui la conferenza è stata considerata un "punto di partenza" per definire il cosiddetto "regolamento", che stabilirà le linee guida per l'attuazione degli obblighi assunti nell'Accordo di Parigi. Il documento ha rafforzato la posizione del Brasile secondo cui l'accordo di Parigi è irreversibile e che è necessario accelerare i lavori per la sua effettiva attuazione. Ha inoltre sottolineato la necessità che i paesi sviluppati aumentino i finanziamenti per il clima, stabilendo una "road map" per raggiungere l'obiettivo di 100 miliardi di dollari all'anno entro il 2020.

La delegazione brasiliana alla COP22 era composta da 271 partecipanti, tra cui rappresentanti del governo, del mondo accademico, del settore privato e di organizzazioni non governative. Di questi, 87 erano legati al governo, tra cui 16 parlamentari, e 184 rappresentavano la società civile. Questa ampia partecipazione riflette l'impegno multilaterale del Brasile nei dibattiti sui cambiamenti climatici e la sua volontà di contribuire a soluzioni globali.

In sintesi, la COP22 ha rappresentato un importante passo avanti nel consolidamento dell'Accordo di Parigi, con un'attenzione particolare alla definizione dei meccanismi tecnici e operativi per la sua attuazione. Tuttavia, le sfide restano importanti e richiedono azioni coordinate e impegnate da parte di tutti gli attori coinvolti, sia a livello nazionale che internazionale. Adottando una posizione proattiva e sostenendo l'integrazione del cambiamento climatico nel suo programma di sviluppo, il Brasile dimostra il potenziale per guidare iniziative sostenibili e dare un contributo rilevante al raggiungimento degli obiettivi globali.

Sfide e prospettive future

Nonostante i progressi compiuti attraverso politiche pubbliche, legislazioni e accordi internazionali, la gestione e la governance delle risorse idriche devono ancora affrontare sfide significative.

La crescente domanda di acqua, unita agli effetti del cambiamento climatico e del degrado ambientale, richiede un'azione urgente e coordinata. È fondamentale promuovere la partecipazione della società civile e delle comunità locali alla gestione delle risorse idriche, oltre a rafforzare la cooperazione internazionale.

In Brasile, l'attuazione efficace della Politica nazionale sulle risorse idriche e il rispetto degli impegni assunti negli accordi internazionali sono passaggi fondamentali per garantire la sicurezza idrica. Per affrontare le sfide attuali e future è fondamentale integrare le politiche di gestione delle risorse idriche con le azioni volte a contrastare i cambiamenti climatici.

La gestione e la governance delle risorse idriche sono elementi chiave per la sostenibilità e la sicurezza idrica globale. L'attuazione di politiche pubbliche efficaci, il rafforzamento della legislazione nazionale e la cooperazione internazionale sono essenziali per affrontare le sfide legate all'acqua. Nel contesto brasiliano, la legge sulle risorse idriche e gli accordi internazionali, come la Convenzione di Dublino e la Convenzione quadro delle Nazioni Unite sui cambiamenti climatici (UNFCCC), forniscono un quadro solido per la gestione sostenibile delle risorse idriche. Tuttavia, è necessario continuare a migliorare queste iniziative, promuovendo la partecipazione sociale e l'integrazione politica per garantire un futuro sostenibile alle generazioni presenti e future.

USO DELL'ACQUA NELLE CITTÀ: APPROVVIGIONAMENTO, SERVIZI IGIENICI E QUALITÀ DELLA VITA.

L'uso dell'acqua nelle città è un elemento centrale per lo sviluppo sostenibile e la qualità della vita della popolazione urbana. Garantire l'accesso all'acqua potabile, la gestione efficiente delle risorse idriche e l'accesso universale ai servizi igienici di base sono pilastri fondamentali per la salute pubblica, la tutela dell'ambiente e la crescita economica. Tuttavia, le sfide legate all'approvvigionamento idrico, al trattamento delle acque reflue e al drenaggio urbano sono ancora notevoli, soprattutto nei paesi in via di sviluppo come il Brasile.

Approvvigionamento idrico potabile: sfide e soluzioni

L'approvvigionamento di acqua potabile è una delle principali sfide che devono affrontare le città, soprattutto nelle regioni con carenza di acqua o infrastrutture scadenti. Per garantire l'accesso universale all'acqua di qualità sono necessari investimenti significativi nei sistemi di raccolta, trattamento e distribuzione, nonché pratiche per l'uso razionale ed efficiente di questa risorsa. In molte città brasiliane, la mancanza di pianificazione e l'espansione urbana incontrollata hanno sovraccaricato i sistemi di approvvigionamento, generando razionamenti e forniture intermittenti.

Tecnologie come il riutilizzo dell'acqua, la raccolta dell'acqua piovana e la modernizzazione delle reti di distribuzione possono contribuire a migliorare l'approvvigionamento. Inoltre, per ridurre gli sprechi e garantire la sostenibilità delle risorse idriche, sono essenziali politiche pubbliche che promuovano l'educazione ambientale e la consapevolezza sull'uso consapevole dell'acqua.

Servizi igienici di base: un diritto umano fondamentale

I servizi igienico-sanitari di base, che comprendono il trattamento delle acque reflue, la raccolta dei rifiuti solidi e il drenaggio urbano, sono un diritto umano riconosciuto dalle Nazioni Unite (ONU) ed essenziali per la salute e il benessere della popolazione. Tuttavia, il Brasile deve ancora far fronte a gravi carenze in questo ambito. Secondo i dati del Sistema Nazionale di Informazione Sanitaria (SNIS), circa il 48% della popolazione brasiliana, ovvero approssimativamente 100 milioni di persone, non ha accesso ai servizi di raccolta delle acque reflue e più di 35 milioni non hanno accesso all'acqua trattata.

La mancanza di servizi igienici adeguati ha ripercussioni dirette sulla salute pubblica. Malattie come la diarrea, l'epatite A, la febbre tifoide e il colera sono direttamente associate al consumo di acqua contaminata da agenti patogeni presenti nelle acque reflue non trattate. Inoltre, la mancanza di sistemi di drenaggio efficienti contribuisce alla proliferazione di vettori di malattie, come le zanzare che trasmettono la dengue, la chikungunya e lo zika, e i roditori che diffondono la leptospirosi.

Impatti ambientali ed economici

La mancanza di servizi igienici di base comporta inoltre importanti conseguenze ambientali ed economiche. Lo scarico di acque reflue non trattate nei fiumi, nei laghi e negli oceani inquina gli ecosistemi acquatici, influendo sulla biodiversità e compromettendo attività economiche come la pesca e il turismo. L'inquinamento delle acque riduce la disponibilità di acqua potabile, aumenta i costi di trattamento e compromette la qualità della vita nelle città.

Inoltre, gli investimenti nei servizi igienico-sanitari di base apportano notevoli benefici economici e sociali. L'espansione delle reti di trattamento delle acque reflue e di approvvigionamento idrico crea posti di lavoro, migliora la produttività dei lavoratori e attrae investimenti e turismo. Gli studi indicano che ogni R$ investito nei servizi igienico-sanitari genera un risparmio di 4 R$ sui costi sanitari, dimostrando il ritorno positivo di queste iniziative.

Percorsi verso servizi igienici universali

L'universalizzazione dei servizi igienico-sanitari di base in Brasile richiede l'integrazione degli sforzi tra governi, settore privato e società civile. Il Sanitation Legal Framework, approvato nel 2020, rappresenta un passo avanti, fissando obiettivi ambiziosi, come l'accesso universale all'acqua potabile e al trattamento delle acque reflue entro il 2033. Tuttavia, l'attuazione di questi obiettivi dipende da investimenti continui, dalla modernizzazione delle infrastrutture e dall'adozione di tecnologie innovative.

Il coinvolgimento del settore privato, attraverso partenariati pubblico-privati (PPP), può accelerare l'espansione dei servizi igienico-sanitari, a condizione che sia regolamentato in modo da garantire equità e accessibilità. Allo stesso tempo, è fondamentale promuovere l'educazione ambientale e sensibilizzare la popolazione sull'importanza di un uso sostenibile dell'acqua e di un corretto smaltimento dei rifiuti.

L'uso dell'acqua nelle città è una sfida complessa che coinvolge questioni di salute pubblica, sostenibilità ambientale e sviluppo economico. Garantire l'accesso all'acqua potabile e rendere universali i servizi igienici di base sono essenziali per migliorare la qualità della vita della popolazione e ridurre le disuguaglianze sociali. Per affrontare le sfide attuali e costruire città più resilienti e sostenibili, sono essenziali investimenti in infrastrutture, tecnologie e politiche pubbliche efficaci. La collaborazione tra governi, imprese e società civile sarà fondamentale per trasformare queste sfide in opportunità di crescita e benessere collettivo.

ACQUA NELL'INDUSTRIA: PRODUZIONE DI ENERGIA, ATTIVITÀ MINERARIA E MANIFATTURIERA.

L'acqua è essenziale per il funzionamento di numerosi settori industriali e svolge un ruolo cruciale come materia prima, mezzo di raffreddamento, produzione di energia e trasporto di materiali. Tuttavia, l'uso intensivo e spesso inappropriato dell'acqua da parte dell'industria può generare impatti ambientali significativi, compromettendo la disponibilità di questa risorsa per altre attività ed ecosistemi. In considerazione di ciò, l'adozione di pratiche sostenibili e una regolamentazione efficiente dell'uso dell'acqua diventano imperative per garantire un equilibrio tra sviluppo industriale e tutela ambientale.

Acqua nella produzione di energia

La produzione di energia è uno dei settori che richiede più acqua e questa risorsa viene utilizzata in diverse fasi dei processi di generazione. Nell'energia idroelettrica, l'acqua è l'elemento centrale, responsabile del movimento delle turbine e della generazione di elettricità. Questo tipo di energia è considerata rinnovabile e ha basse emissioni di gas serra, ma può causare impatti ambientali, come l'alterazione degli ecosistemi acquatici e la frammentazione degli habitat dovuta alla costruzione di dighe.

Nella produzione di energia termica, l'acqua è ampiamente utilizzata per apparecchiature di refrigerazione, processi di condensazione e trattamento dei gas. Sebbene essenziale per l'efficienza di questi sistemi, l'utilizzo dell'acqua in questi processi può causare un aumento della temperatura dei corpi idrici, un fenomeno noto come inquinamento termico, che influisce negativamente sulla fauna e sulla flora acquatica. Inoltre, catturare grandi volumi d'acqua può ridurre la disponibilità di questa risorsa per altri usi, come l'approvvigionamento umano e l'agricoltura.

Acqua nell'attività mineraria

L'attività mineraria è un altro settore che fa grande affidamento sull'acqua, impiegandola in attività quali il trasporto di minerali, il lavaggio di materiali e il raffreddamento delle attrezzature. L'acqua viene utilizzata anche nei processi di arricchimento, come la flottazione, che separa i minerali di interesse dalla ganga (materiale senza valore economico). Tuttavia, l'attività mineraria può avere gravi ripercussioni sull'ambiente, come la contaminazione di fiumi e falde acquifere da parte di metalli pesanti e sostanze chimiche utilizzate nei processi di estrazione e lavorazione.

Inoltre, la cattura di grandi volumi d'acqua può compromettere la disponibilità di questa risorsa per le comunità locali e per altre attività economiche, come l'irrigazione. Nelle regioni con scarsità d'acqua, la competizione per l'uso dell'acqua tra l'attività mineraria e altre attività può esacerbare i conflitti socio-ambientali. Per questo motivo, l'adozione di tecnologie che riducano il consumo di acqua e ne favoriscano il riutilizzo è fondamentale per minimizzare gli impatti di questo settore.

Acqua nella produzione

Il settore manifatturiero utilizza l'acqua in un'ampia gamma di processi produttivi, tra cui la fabbricazione di prodotti chimici, alimentari, bevande, cellulosa e carta, tra gli altri. L'acqua viene utilizzata come materia prima, mezzo di raffreddamento, agente detergente e trasporto dei rifiuti. Tuttavia, l'uso improprio dell'acqua in questi processi può portare alla contaminazione dei corpi idrici da parte di effluenti industriali, che spesso contengono sostanze tossiche difficili da degradare.

Ad esempio, l'industria alimentare e delle bevande è uno dei maggiori consumatori di acqua, utilizzandola in fasi quali il lavaggio, la lavorazione e la disinfezione. L'industria della carta e della cellulosa necessita di grandi volumi di acqua per la produzione della cellulosa e lo sbiancamento della carta. In questi casi, la mancanza di un adeguato trattamento degli effluenti può portare alla contaminazione dei fiumi e delle falde acquifere, compromettendo la qualità dell'acqua e la salute degli ecosistemi.

Pratiche e regolamentazione sostenibili

Considerate le sfide legate all'uso dell'acqua nell'industria, l'adozione di pratiche sostenibili diventa essenziale per ridurre al minimo l'impatto ambientale e garantire la disponibilità di questa risorsa per le generazioni future. Tra le misure che possono essere attuate ci sono le seguenti:

1. Efficienza idrica: la modernizzazione delle attrezzature e dei processi produttivi può ridurre significativamente il consumo di acqua. Tecnologie come i sistemi di raffreddamento a secco e i circuiti idrici chiusi sono esempi di soluzioni che promuovono l'efficienza idrica.

2. Riutilizzo dell'acqua: l'implementazione di sistemi di trattamento e riutilizzo degli effluenti industriali consente di riutilizzare l'acqua in diverse fasi dei processi produttivi, riducendo la domanda di cattura delle risorse idriche.

3. Gestione integrata delle risorse idriche: l'adozione di pratiche di gestione che tengano conto della disponibilità idrica locale e degli impatti ambientali è essenziale per garantire l'uso sostenibile di questa risorsa. Ciò include la conduzione di studi sull'impatto ambientale e la partecipazione a comitati di bacino idrografico.

4. Regolamentazione e politiche pubbliche: la creazione e l'applicazione di leggi e regolamenti che disciplinino l'uso dell'acqua nell'industria sono essenziali per garantire la sostenibilità. Anche le politiche pubbliche che incoraggiano l'adozione di tecnologie pulite e la riduzione del consumo di acqua svolgono un ruolo importante.

L'uso dell'acqua nell'industria è essenziale per lo sviluppo economico, ma rappresenta anche una sfida importante in termini di sostenibilità. Settori come la produzione di energia, l'estrazione mineraria e la produzione manifatturiera dipendono fortemente da questa risorsa, ma il suo uso inappropriato può generare gravi impatti ambientali, come la contaminazione dei bacini idrici e la riduzione della disponibilità di acqua per altri usi. L'adozione di pratiche sostenibili, abbinata a una regolamentazione efficiente, è essenziale per conciliare la crescita industriale con la tutela dell'ambiente e per garantire la sicurezza idrica per le generazioni presenti e future. Solo attraverso un approccio integrato e responsabile sarà possibile garantire un uso sostenibile dell'acqua nell'industria.

USO DELL'ACQUA IN AGRICOLTURA: IRRIGAZIONE, PRODUZIONE ALIMENTARE E IMPATTO AMBIENTALE.

L'acqua è una risorsa essenziale non solo per la vita, ma anche per la produzione alimentare. In agricoltura, l'acqua è essenziale per la crescita e lo sviluppo delle piante e la sua adeguata disponibilità è un fattore critico per la produzione agricola. L'irrigazione è una pratica comune in molte aree di produzione e viene utilizzata per fornire acqua alle piante quando le precipitazioni non sono sufficienti a soddisfare il loro fabbisogno idrico.

L'irrigazione è una tecnica che mira a soddisfare artificialmente il fabbisogno idrico delle piante. Questa tecnica consente di coltivare colture in zone in cui le precipitazioni sono insufficienti a favorirne lo sviluppo. L'irrigazione può essere effettuata in vari modi: tramite irrigazione a pioggia, a goccia e di superficie.

L'irrigazione a pioggia è un metodo di irrigazione che consiste nel distribuire l'acqua sulle colture tramite un sistema di irrigazione, il quale spruzza l'acqua nell'aria, formando gocce che cadono sulle piante e sul terreno. Si tratta di un metodo di irrigazione ampiamente utilizzato in tutto il mondo, soprattutto nelle aree in cui l'acqua è limitata e gli agricoltori hanno bisogno di massimizzare l'efficienza nell'uso dell'acqua.

Il metodo di irrigazione a pioggia può essere suddiviso in due tipologie: irrigazione a pioggia convenzionale e irrigazione a pioggia localizzata. Nell'irrigazione a pioggia convenzionale, l'acqua viene distribuita uniformemente sull'intera superficie della coltura, mentre nell'irrigazione a pioggia localizzata, l'acqua viene distribuita solo alle radici delle piante, riducendo al minimo le perdite d'acqua dovute all'evaporazione e al deflusso superficiale.

Irrigazione a pioggia Presenta diversi vantaggi rispetto ad altri metodi. È relativamente facile da installare e utilizzare, richiede meno manodopera rispetto ad altri metodi di irrigazione e può essere adattato a diversi tipi di terreno e colture. Inoltre, l'irrigazione dall'alto può aiutare a controllare le malattie delle piante, poiché le gocce d'acqua possono eliminare i patogeni che si accumulano sulle foglie e nel terreno.

Tuttavia, questo processo presenta alcuni svantaggi. Potrebbe essere meno efficiente di altri metodi di irrigazione poiché l'acqua viene persa attraverso l'evaporazione e il deflusso. Inoltre, questo metodo può essere dannoso per le piante se l'acqua non viene distribuita in modo uniforme, con conseguente eccesso o carenza di umidità. Un'eccessiva distribuzione dell'acqua può inoltre portare alla compattazione del terreno e alla lisciviazione dei nutrienti, con conseguenti effetti negativi sulla produttività delle colture e sulla qualità del terreno.

Per massimizzare l'efficienza dell'irrigazione a pioggia, è importante selezionare il tipo di irrigatore corretto e regolarne la portata di applicazione in base alle esigenze specifiche della coltura e del terreno. È inoltre importante monitorare periodicamente l'umidità del terreno e adattare il programma di irrigazione in base alle condizioni meteorologiche locali. Con una gestione adeguata, l'irrigazione a pioggia può contribuire ad aumentare la produttività delle colture e a preservare le risorse idriche.

Irrigazione a goccia Si tratta di un metodo di irrigazione localizzato che prevede l'applicazione dell'acqua direttamente alla base delle piante, erogandola direttamente alle radici in piccole quantità controllate. Si tratta di un metodo di irrigazione altamente efficiente che può ridurre il consumo di acqua fino al 70% rispetto ad altri metodi di irrigazione, come l'irrigazione di superficie e l'irrigazione a pioggia. Il sistema di irrigazione a goccia è costituito da tubi perforati che vengono posizionati nel terreno, attorno alle piante, e rilasciano lentamente e in piccole quantità l'acqua direttamente alle radici delle piante. Questo processo riduce l'evaporazione e il deflusso superficiale dell'acqua, rendendo l'irrigazione a goccia più efficiente e riducendo lo spreco di acqua.

L'irrigazione a goccia può essere applicata a diversi tipi di terreno e colture, dai piccoli orti domestici alle grandi piantagioni commerciali. Il metodo è particolarmente adatto alle colture che hanno un elevato fabbisogno idrico e sono sensibili alle variazioni di umidità del terreno, come ortaggi, frutta, cereali e piante ornamentali.

Oltre a ridurre il consumo di acqua, l'irrigazione a goccia può anche migliorare la produttività delle colture, aumentando la resa e la qualità del prodotto. Questo metodo può anche aiutare a controllare le erbacce, poiché l'acqua viene erogata direttamente sulle radici delle piante anziché sulle aree circostanti.

Tuttavia, l'irrigazione a goccia presenta anche degli svantaggi. È necessaria un'attenta pianificazione per garantire che tubi e gocciolatori siano posizionati correttamente e che il sistema funzioni correttamente. L'intasamento dell'emettitore dovuto all'accumulo di sedimenti può essere un problema comune che richiede una manutenzione frequente. Inoltre, l'installazione iniziale potrebbe risultare più costosa rispetto ad altri metodi di irrigazione.

Nel complesso, l'irrigazione a goccia è un metodo di irrigazione altamente efficiente che può aiutare a risparmiare acqua e a migliorare la produttività delle colture. È importante che gli agricoltori valutino attentamente le esigenze delle colture e le condizioni del terreno prima di decidere il metodo di irrigazione più appropriato.

Irrigazione di superficie Si tratta di un metodo di irrigazione che consiste nel distribuire l'acqua direttamente sulla superficie del terreno, generalmente tramite canali, solchi o irrigatori. È uno dei metodi più antichi e diffusi al mondo, soprattutto nelle zone rurali dove l'agricoltura è la principale fonte di sostentamento. Il metodo di irrigazione di superficie è relativamente semplice e richiede poca tecnologia, il che lo rende un'opzione accessibile ed economica per molti agricoltori. Tuttavia, può rivelarsi piuttosto inefficiente, poiché l'acqua viene persa attraverso l'evaporazione, l'infiltrazione profonda o il deflusso superficiale. Tali perdite possono essere aggravate dalle condizioni ventose o dal terreno compattato, che possono causare l'erosione del suolo.

L'irrigazione di superficie è spesso utilizzata per le colture in pieno campo come riso, mais e grano, ma potrebbe non essere adatta per colture più sensibili all'umidità come frutta e verdura. Inoltre, l'uso eccessivo di acqua in questo processo può portare alla salinizzazione del suolo e alla riduzione della qualità dell'acqua, con conseguenti danni alla salute umana e agli ecosistemi locali.

Per attenuare le sfide legate all'irrigazione di superficie, molti agricoltori stanno adottando pratiche di gestione dell'acqua più efficienti, come l'irrigazione a goccia o tramite microirrigatori. Questi metodi sfruttano una tecnologia avanzata per erogare l'acqua direttamente alle radici delle piante, riducendo al minimo la perdita d'acqua e migliorando l'efficienza dell'uso dell'acqua. Un altro approccio consiste nell'integrare l'irrigazione di superficie con altre tecniche di gestione del suolo, come la terrazzatura, che può contribuire a ridurre l'erosione del suolo e a migliorare la ritenzione idrica.

Senza acqua le piante non possono crescere e non possono produrre frutti o cereali. L'irrigazione consente alle piante di crescere in zone in cui le precipitazioni non sono sufficienti a soddisfare il loro fabbisogno idrico, aumentando così la produzione alimentare. Tuttavia, la produzione alimentare può avere anche un impatto negativo sull'ambiente. L'uso eccessivo di acqua in agricoltura può portare al degrado del suolo e all'inquinamento delle acque. L'irrigazione eccessiva può aumentare i livelli delle falde acquifere, provocando la salinizzazione e l'alcalinizzazione del suolo.

L'uso dell'acqua in agricoltura ha un impatto ambientale significativo. L'irrigazione può portare al degrado del suolo e all'inquinamento delle acque dovuto a pesticidi, fertilizzanti e altri prodotti chimici agricoli. Inoltre, un'irrigazione eccessiva può causare la salinizzazione e l'alcalinizzazione del terreno, rendendolo inadatto alla produzione agricola.

Anche l'agricoltura è un grande consumatore di acqua. Secondo l'Organizzazione delle Nazioni Unite per l'alimentazione e l'agricoltura (FAO), l'agricoltura è responsabile di circa il 70% del consumo di acqua a livello mondiale. Ciò significa che l'uso dell'acqua in agricoltura ha un impatto significativo sull'ambiente, soprattutto nelle aree in cui l'acqua è scarsa.

I PRINCIPALI BACINI
IDROGRAFICI DEL MONDO

Ecco alcuni dei principali bacini fluviali del mondo e le loro implicazioni geopolitiche: Il bacino del Rio delle Amazzoni è il più grande bacino fluviale del mondo in termini di volume d'acqua e area di drenaggio. Copre nove paesi del Sud America, tra cui Brasile, Perù, Colombia ed Ecuador. Il bacino amazzonico è ricco di biodiversità e risorse naturali, ma deve anche affrontare le sfide legate allo sfruttamento non sostenibile delle risorse naturali e alla minaccia del cambiamento climatico.

Il bacino del fiume NiloÈ il bacino fluviale più grande dell'Africa e attraversa 11 paesi, tra cui Egitto, Sudan, Etiopia e Kenya. Il fiume Nilo è una fonte vitale di acqua per l'irrigazione e il consumo umano, ma la gestione delle risorse idriche nella regione è complicata dalle tensioni politiche e dalle sfide legate al cambiamento climatico.

Il bacino del fiume CongoÈ il secondo bacino fluviale più grande dell'Africa e attraversa 13 paesi, tra cui la Repubblica Democratica del Congo, l'Angola e lo Zambia. Il fiume Congo è un'importante fonte d'acqua per l'irrigazione e la pesca, ma deve anche affrontare sfide legate alla gestione delle risorse idriche, ai conflitti politici e alle questioni ambientali.

Il bacino del fiume YangtzeÈ il bacino fluviale più grande della Cina e uno dei più grandi del mondo. Il fiume Yangtze è un'importante fonte d'acqua per l'irrigazione, il trasporto e la produzione di energia idroelettrica. Il bacino fluviale è anche un importante centro di produzione industriale e agricola, ma deve affrontare sfide legate all'inquinamento e alla pressione sulle risorse idriche.

Il bacino del fiume MississippiÈ il terzo bacino fluviale più grande del mondo e copre l'intera area centrale degli Stati Uniti. Il fiume Mississippi è un'importante fonte d'acqua per l'agricoltura, i trasporti e la produzione di energia idroelettrica, ma deve affrontare sfide legate all'inquinamento e alla gestione delle risorse idriche.

Il bacino del fiume Gange Copre parti dell'India, del Nepal, del Bangladesh e della Cina. Il fiume Gange è una fonte d'acqua essenziale per l'agricoltura, l'industria e il consumo umano della regione, ma deve affrontare sfide legate all'inquinamento e alla gestione sostenibile delle risorse idriche.

Il bacino del Danubio Copre 19 paesi dell'Europa centrale e orientale, tra cui Germania, Austria, Ungheria e Romania. Il Danubio è un'importante via di trasporto e una fonte d'acqua per l'agricoltura e l'industria della regione.

Il bacino del fiume Mekong Copre sei paesi del Sud-Est asiatico, tra cui Cina, Laos, Thailandia e Vietnam. Il fiume Mekong è un'importante fonte d'acqua per l'agricoltura, la pesca e l'energia idroelettrica, ma deve affrontare sfide legate alla gestione delle risorse idriche e alla pressione dello sviluppo economico.

Il bacino del fiume Zambesi Copre otto paesi dell'Africa meridionale, tra cui Angola, Botswana, Mozambico e Zambia. Il fiume Zambesi è un'importante fonte d'acqua per l'agricoltura, la pesca e la produzione di energia idroelettrica nella regione.

Il bacino del fiume Indo Copre parti dell'India, del Pakistan, della Cina e dell'Afghanistan. Il fiume Indo è una fonte d'acqua essenziale per l'agricoltura, l'industria e il consumo umano nella regione, ma deve affrontare sfide legate alla gestione sostenibile delle risorse idriche e ai conflitti politici tra i paesi del bacino.

Questi sono solo alcuni dei numerosi bacini fluviali importanti nel mondo, ognuno con la sua importanza economica, ambientale e geopolitica.

I PRINCIPALI BACINI IDROGRAFICI
DEL BRASILE

Bacino del Rio delle Amazzoni È il bacino fluviale più grande del mondo in termini di volume d'acqua e attraversa nove paesi sudamericani, tra cui il Brasile. Il Rio delle Amazzoni è un'importante fonte di acqua dolce, biodiversità e risorse naturali, oltre a essere essenziale per il mantenimento del clima globale.

Bacino del fiume Paraná È il secondo bacino fluviale più grande del Brasile e comprende stati come Paraná, San Paolo, Mato Grosso do Sul e Minas Gerais. Il fiume Paraná è un'importante fonte d'acqua per la produzione di energia idroelettrica e la navigazione fluviale, oltre a essere importante per la pesca e l'agricoltura.

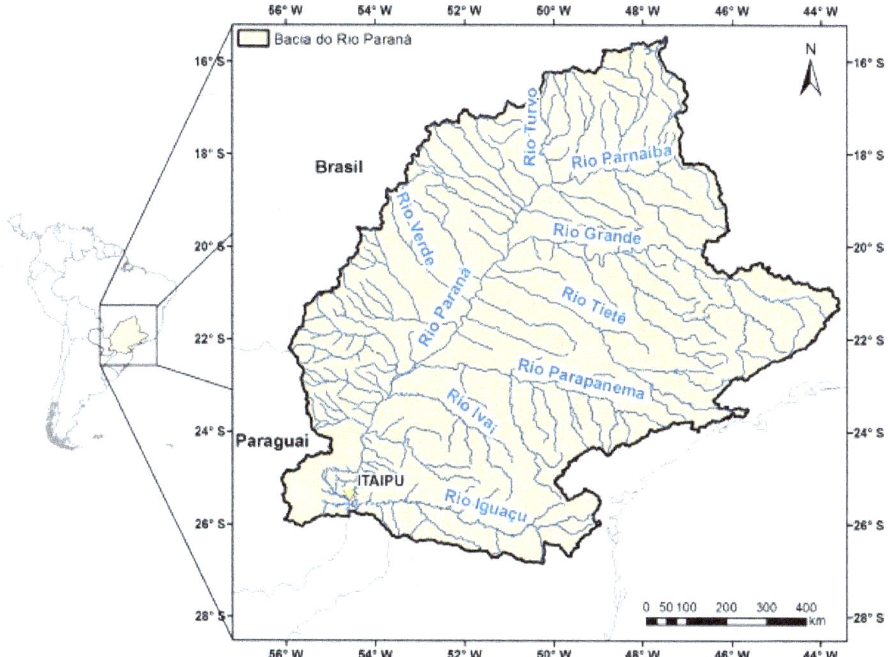

Bacino del fiume São FranciscoÈ uno dei principali bacini idrografici del Brasile e comprende stati come Minas Gerais, Bahia, Pernambuco e Alagoas. Il fiume São Francisco è un'importante fonte d'acqua per l'agricoltura, l'industria, la produzione di energia e il consumo umano, oltre ad avere una grande importanza culturale e storica per il Paese.

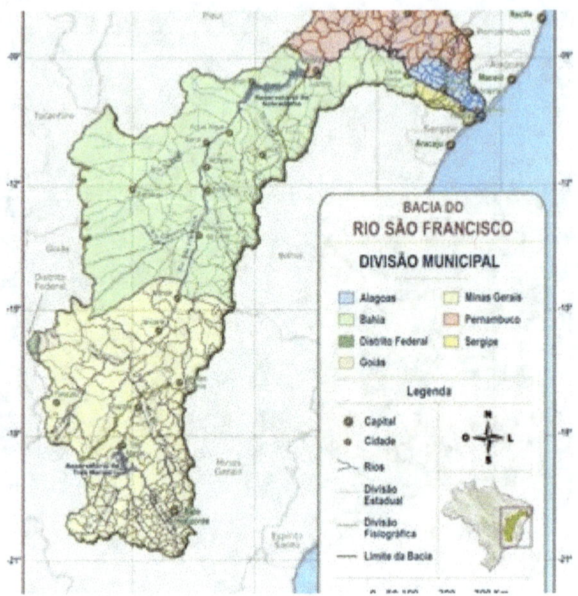

Bacino del fiume Paraguay:copre stati come Mato Grosso, Mato Grosso do Sul, Goiás e Minas Gerais. Il fiume Paraguay è un'importante fonte d'acqua per la pesca, la navigazione e la produzione di energia idroelettrica, oltre a rappresentare un importante corridoio di trasporto per i paesi del bacino.

Bacino del fiume Tocantins-Araguaia: Copre stati come Tocantins, Pará, Maranhão e Goiás. Il fiume Tocantins-Araguaia è un'importante fonte d'acqua per la produzione di energia idroelettrica, oltre a essere importante per la pesca, la navigazione e l'irrigazione.

Bacino del fiume Uruguay:copre stati come Rio Grande do Sul e Santa Catarina. Il fiume Uruguay è un'importante fonte d'acqua per l'agricoltura, la pesca e la produzione di energia idroelettrica, oltre a rappresentare un importante corridoio di trasporto tra i paesi del bacino.

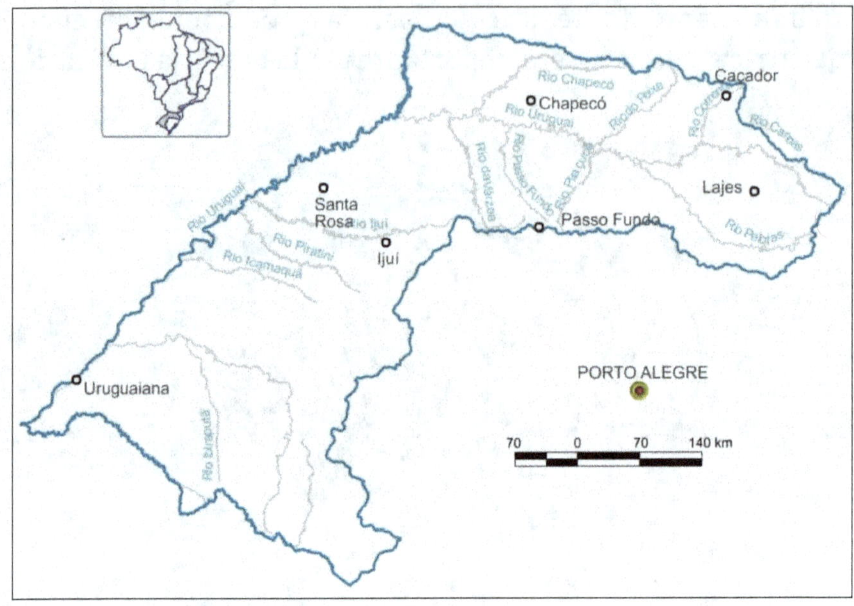

Bacino del fiume Doce:copre stati come Minas Gerais e Espírito Santo. Il fiume Doce è un'importante fonte d'acqua per l'agricoltura, l'industria e il consumo umano, oltre ad avere una grande importanza ambientale, culturale e storica.

Bacino del Rio Grande:copre stati come Minas Gerais, San Paolo e Paraná. Il Rio Grande è un'importante fonte d'acqua per la produzione di energia idroelettrica, oltre a essere importante per la navigazione e l'irrigazione.

Bacino del fiume Paraíba do Sul:copre stati come San Paolo, Rio de Janeiro e Minas Gerais. Il fiume Paraíba do Sul è un'importante fonte d'acqua per l'agricoltura, l'industria e il consumo umano, oltre a essere importante per la produzione di energia idroelettrica.

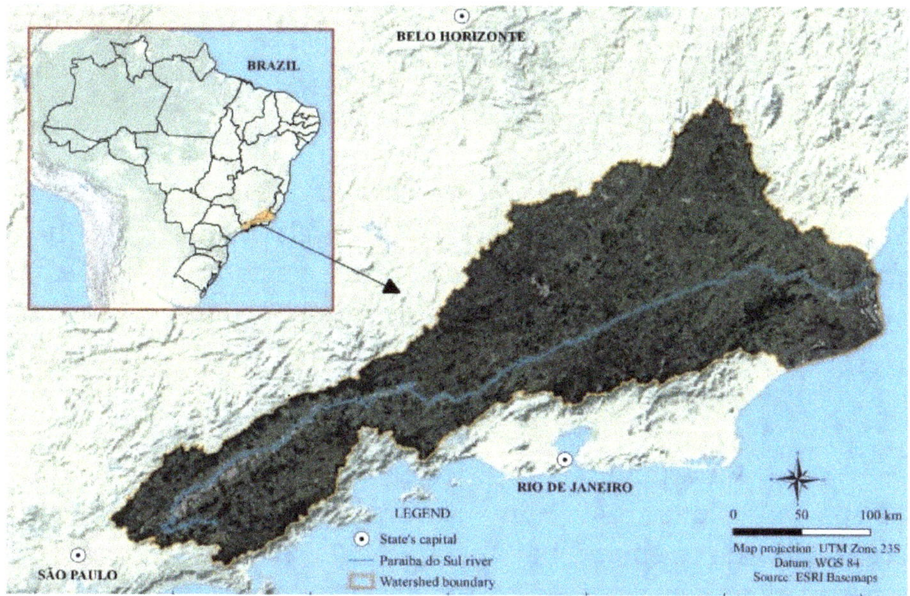

Bacino del fiume Madeira:Comprende stati come Rondônia e Amazonas. Il fiume Madeira è un'importante fonte d'acqua per la produzione di energia idroelettrica, oltre a essere importante per la navigazione e la pesca.

Questi sono solo alcuni dei numerosi bacini idrografici del Brasile, ognuno con la sua importanza economica, ambientale e sociale.

ALTER DO CHAO ACQUIFERO

1.L'acquifero Alter do Chão si trova nella regione amazzonica, sotto la città di Santarém (PA) e il villaggio di Alter do Chão, da cui prende il nome. Si estende su una vasta area del bacino sedimentario amazzonico, comprendendo stati come:

- A
- Amazzone
- Amapá
- Maranhao

La sua estensione totale non è ancora del tutto definita, ma gli studi indicano che potrebbe superare i 437.500 km².

---

2. Capacità idrica: Si stima che il volume d'acqua nell'acquifero di Alter do Chão sia superiore a 86 mila km³ e potrebbe essere ancora maggiore. Ciò lo rende uno dei più grandi bacini di acqua dolce del mondo. A titolo di paragone, questo volume è maggiore di quello dell'acquifero guaraní, che è di circa 45 mila km³.

Sulla base di queste cifre, Alter do Chão potrebbe rifornire la popolazione mondiale per centinaia di anni senza rischio di esaurimento, a patto che l'estrazione idrica fosse effettuata in modo sostenibile.

---

3. Formazione geologica:L'acquifero è formato da rocce sedimentarie del periodo terziario, composte prevalentemente da arenarie molto porose e permeabili. Questa caratteristica consente un efficiente stoccaggio e movimentazione delle acque sotterranee.

La ricarica della falda acquifera avviene principalmente attraverso l'infiltrazione dell'acqua piovana, che nella regione amazzonica è abbondante.

---

4. Importanza: 4.1 Approvvigionamento idrico

- È una fonte fondamentale di acqua potabile per molte comunità amazzoniche.
- L'acqua della falda acquifera è di ottima qualità e spesso può essere consumata senza alcun trattamento.
- Potenziale per diventare una riserva idrica strategica per il futuro, soprattutto di fronte al cambiamento climatico e alle crisi idriche globali.

4.2 Bilancio ecologico

- Contribuisce al mantenimento dei fiumi della regione amazzonica, rilasciando lentamente l'acqua nei sistemi fluviali.
- Mantiene gli ecosistemi locali che dipendono dalle falde acquifere.

---

5. Rischi e minacce: Nonostante il suo enorme potenziale, l'acquifero Alter do Chão è esposto a minacce che potrebbero comprometterne la qualità e la disponibilità. I rischi principali includono:

5.1 Sfruttamento predatorio

- L'estrazione incontrollata di acqua può portare all'esaurimento locale.
- L'esplorazione non monitorata può causare l'intrusione o la contaminazione dei sedimenti.

5.2 Inquinamento

- Una crescita urbana disordinata, come quella di Santarém (PA), può generare inquinamento dovuto alle acque reflue e ai rifiuti industriali.
- Attività come l'estrazione mineraria illegale, l'uso eccessivo di pesticidi e la deforestazione possono compromettere la qualità dell'acqua.

5.3 Cambiamento climatico

- I cambiamenti nei modelli di precipitazione possono influenzare la velocità di ricarica delle falde acquifere.
- L'aumento delle temperature può aumentare

l'evaporazione e ridurre la disponibilità di acqua.

6. Confronto con l'acquifero guaraní:L'acquifero Alter do Chão viene spesso paragonato all'acquifero Guarani, più noto a livello internazionale. Alcune differenze importanti tra loro sono:

Caracteristica	Aquífero Alter do Chão	Aquífero Guarani
Volume de água	86 mil km³ (estimado)	45 mil km³
Extensão	437.500 km²	1,2 milhões de km²
Localização	Norte do Brasil (Amazônia)	Sul e Centro-Oeste do Brasil, Paraguai, Uruguai e Argentina
Tipo de rocha	Arenito extremamente poroso	Arenito com camadas menos permeáveis
Recarregar	Alta (chuvas amazônicas)	Média (menor volume de chuvas)

O Alter do Chão pode conter mais água que o Guarani, mas o segundo tem maior extensão territorial.

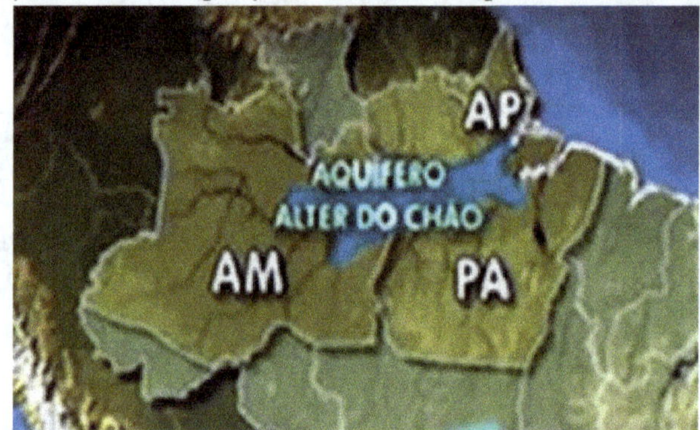

ACQUIFERO DI GUARANÍ

L'acquifero Guaraní è una delle riserve di acqua sotterranea più grandi e importanti al mondo. Si estende su quattro paesi sudamericani (Brasile, Argentina, Paraguay e Uruguay) e svolge un ruolo strategico per l'approvvigionamento idrico e la sostenibilità della regione. Di seguito fornisco una panoramica completa di questa falda acquifera.

1. Ubicazione ed estensione: L'acquifero guaraní copre un'area di circa 1,2 milioni di km², distribuita tra i seguenti paesi:

- **Brasile**– 840 mila km² (70% della falda acquifera)
- **Argentina**– 225 mila km² (18,7%)
- **Paraguay**– 71,7 mila km² (6%)
- **Uruguay**– 58,5 mila km² (4,8%)

In Brasile si estende su otto stati: Mato Grosso, Mato Grosso do Sul, Goiás, Minas Gerais, San Paolo, Paraná, Santa Catarina e Rio Grande do Sul.

2. Volume e capacità idrica: Il volume stimato di acqua immagazzinata nell'acquifero guaraní è di circa 45 mila km³. Di questo totale, circa 1.600 km³ potrebbero essere estratti annualmente in modo sostenibile.

Questa quantità è sufficiente a rifornire la popolazione mondiale per diversi decenni, se utilizzata in modo razionale ed equilibrato.

3. Formazione geologica: L'acquifero è composto prevalentemente da arenarie dell'era mesozoica (formazioni di Botucatu e Pirambóia), dotate di buona porosità e permeabilità, che consentono l'infiltrazione e l'immagazzinamento dell'acqua. È delimitato da strati di basalto della Formazione Serra Geral, che agiscono come una sorta di "coperchio", rendendo difficile la contaminazione dell'acqua immagazzinata.

La ricarica delle falde acquifere avviene principalmente attraverso l'infiltrazione delle acque piovane, risultando più efficiente nelle zone in cui gli strati superficiali sono più permeabili.

---

4. Importanza:L'acquifero guaraní svolge un ruolo fondamentale per la sicurezza idrica del Sud America. Le sue funzioni principali includono:

4.1 Approvvigionamento idrico

- Fornisce acqua potabile a milioni di persone nelle regioni in cui è presente.
- Viene utilizzato sia per il consumo domestico che per attività agricole e industriali.

4.2 Bilancio ecologico

- Contribuisce al mantenimento di fiumi, laghi e sorgenti, rilasciando gradualmente le acque sotterranee.
- Interviene nella regolazione del clima locale interagendo con gli ecosistemi.

4.3 Turismo e potenziale economico

- L'acqua della falda acquifera guaraní alimenta numerose sorgenti termali nelle città turistiche del Brasile e dell'Uruguay.
- Il turismo termale è un'importante attrazione economica in città come Caldas Novas (GO) e São Pedro (SP).

---

5. Rischi e minacce: Nonostante la sua immensa importanza, l'acquifero guaraní deve far fronte a minacce che potrebbero comprometterne la qualità e la disponibilità dell'acqua.

5.1 Sovrasfruttamento

- L'uso incontrollato delle acque sotterranee può ridurne la disponibilità a lungo termine.
- La crescita demografica e il crescente utilizzo agricolo stanno intensificando l'estrazione.

5.2 Inquinamento

- L'acquifero è vulnerabile alla contaminazione da pesticidi, fertilizzanti e acque reflue, soprattutto nelle aree in cui la ricarica avviene direttamente.
- Lo scarico irregolare di rifiuti industriali può contaminare le falde acquifere.

5.3 Cambiamento climatico

- I cambiamenti nei modelli di precipitazione possono ridurre il tasso di ricarica naturale dell'acquifero.
- L'aumento delle temperature potrebbe incrementare l'evaporazione e il consumo di acqua nella regione.

6. Confronto con l'acquifero Alter do Chão

L'acquifero Guaraní viene spesso paragonato all'acquifero Alter do Chão, un altro grande bacino sotterraneo brasiliano. Di seguito una tabella comparativa tra i due:

Caracteristica	Aquífero Guarani	Aquífero Alter do Chão
Volume de água	45 mil km³	86 mil km³
Extensão	1,2 milhões de km²	437.500 km²
Localização	Brasil, Argentina, Paraguai e Uruguai	Norte do Brasil (Amazônia)
Tipo de rocha	Arenito confinado por basalto	Arenito extremamente poroso
Recarregar	Moderada (depende da permeabilidade do solo)	Alta (chuvas intensas da Amazônia)

Apesar de ser menos volumoso que Alter do Chão, o Guarani tem uma importância estratégica maior devido à sua proximidade com grandes centros urbanos e agrícolas.

7. Gestione e protezione

Considerati i rischi e le sfide, la preservazione dell'acquifero guaraní richiede politiche pubbliche e azioni sostenibili, quali:

- **Monitoraggio continuo**La qualità e la quantità dell'acqua estratta.
- **Regolamentazione dell'uso delle acque sotterranee**per evitare lo sfruttamento eccessivo.
- **Controllo ambientale**per prevenire la contaminazione da acque reflue e sostanze chimiche.
- **Cooperazione internazionale**, poiché la falda

acquifera è condivisa da quattro paesi.

Una tappa importante è stato il Progetto Acquifero Guaraní, finanziato dalla Banca Mondiale e realizzato tra il 2003 e il 2009, con l'obiettivo di creare un modello di gestione sostenibile per i paesi coinvolti.

L'acquifero Guaraní è una delle riserve di acqua sotterranea più grandi e preziose al mondo e svolge un ruolo essenziale nell'approvvigionamento idrico della popolazione, dell'agricoltura e dell'industria del Sud America. Tuttavia, la sua conservazione richiede una pianificazione rigorosa per evitare l'inquinamento e lo sfruttamento eccessivo. Se ben gestita, può garantire la sicurezza idrica a milioni di persone per secoli.
Se vuoi maggiori dettagli su una zona specifica della falda acquifera, posso entrare più nel dettaglio!

Illustrazione

IL FIUME HAMZA

Il fiume Hamza è un fiume sotterraneo che nasce nella catena montuosa delle Ande in Perù, nella stessa regione del Rio delle Amazzoni. La sua origine è poco nota, a causa della sua collocazione sotterranea, ma studi recenti indicano che ha origine a un'altitudine di circa 5.200 metri sul livello del mare e ha un'estensione di 6 mila chilometri.

A differenza del Rio delle Amazzoni, che è un fiume di superficie, il fiume Hamza scorre sotterraneo, rimanendo sotterraneo dalla sorgente alla foce. Copre gran parte del Sud America, attraversando paesi come Perù, Brasile e Colombia.

Il nome "Hamza River" è un omaggio al geologo brasiliano Valiya Mannathal Hamza, che scoprì la presenza di acque sotterranee nella regione amazzonica durante gli anni '70. L'esistenza del fiume Hamza è stata confermata dai ricercatori nel 2011, dopo aver condotto studi geofisici nella regione.

Secondo gli scienziati, il fiume Hamza è alimentato dall'acqua piovana e dallo scioglimento delle nevi, che si infiltrano nel terreno, formando una falda acquifera sotterranea che alimenta il fiume. Questa falda acquifera è costituita da rocce porose che permettono all'acqua di circolare al suo interno.

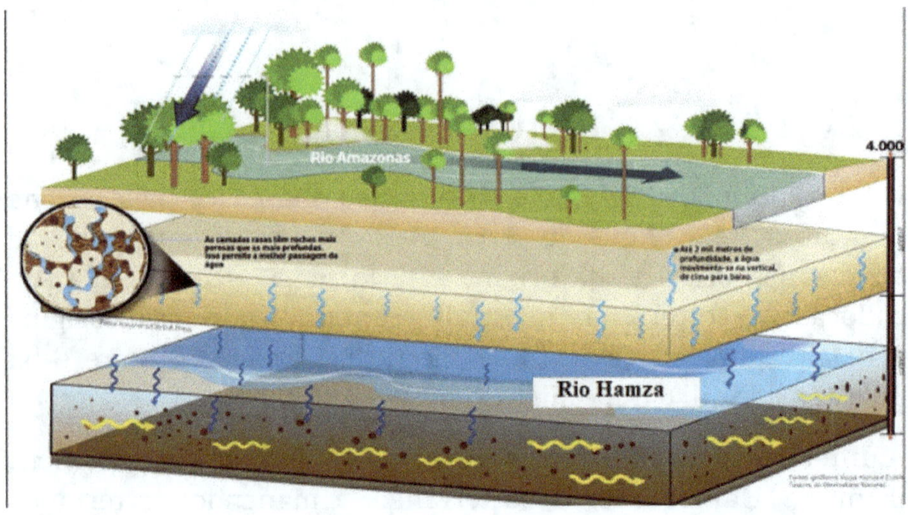

La scoperta del fiume Hamza è di grande importanza per lo studio dell'idrologia e della geologia del Sud America, poiché potrebbe essere responsabile del trasporto di una grande quantità di acqua sotterranea attraverso la regione. Inoltre, la presenza di questo fiume potrebbe spiegare il comportamento di altri fiumi della regione, che hanno portate significative anche nei periodi di siccità.

Il fiume Hamza è formato da tutta l'acqua che percola (acqua che attraversa il suolo e le rocce permeabili, scorrendo in bacini sotterranei) dalla superficie fino a profondità di 2 mila metri, raggiungendo il fondo dei bacini della regione amazzonica. In questo senso, tutti i giacimenti sotterranei e anche le acque superficiali contribuiscono alla formazione di questo flusso sotterraneo.

Tuttavia, esplorare il fiume Hamza continua a rappresentare una sfida per la scienza, poiché la sua posizione sotterranea rende difficile accedervi e raccogliere informazioni sulla sua lunghezza e sul suo comportamento. Sono quindi necessari ulteriori studi per comprendere meglio l'importanza di questo fiume per la regione e come la sua presenza possa influenzare l'equilibrio idrologico del Sud America.

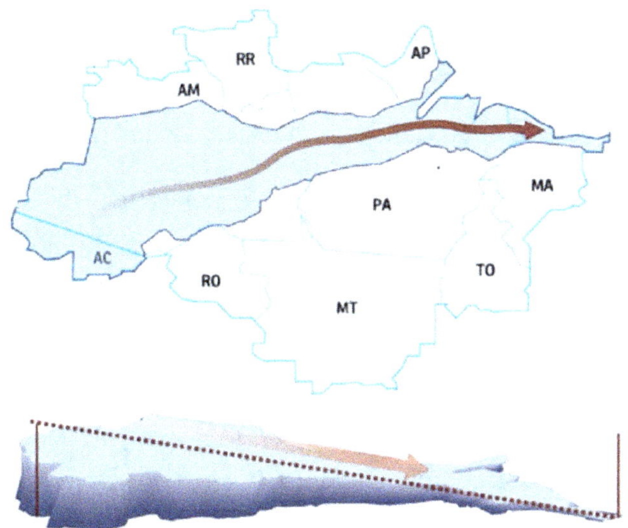

RR
AP
AM
MA
PA
AC
TO
RO
MT

AZIONE ANTROPICA E TRAGEDIA ECOLOGICA NEL MARE D'ARAL

La tragedia ecologica del Mar d'Aral è un caso emblematico di come l'intervento umano possa avere conseguenze devastanti per l'ambiente. Situato nella regione dell'Asia centrale tra il Kazakistan e l'Uzbekistan, che facevano parte dell'ex Unione Sovietica, il Mar d'Aral era un tempo uno dei laghi più grandi del mondo, classificandosi tra il quarto e il quinto posto in termini di volume d'acqua, a seconda del periodo dell'anno. Negli anni '60 il lago aveva una superficie di 68.000 km² e un volume d'acqua di 1.100 km³. Tuttavia, la costruzione di dighe e canali per irrigare i terreni agricoli negli ultimi decenni ha portato a una drastica riduzione del volume d'acqua che alimenta il mare, con conseguente degrado ambientale senza precedenti.

La perdita d'acqua ha portato a un aumento significativo della salinità del Mar d'Aral, con impatti negativi sulla fauna e sulla flora acquatiche, nonché sulle comunità locali che dipendevano dalla pesca per il loro sostentamento. L'elevata concentrazione di sale ha impedito la crescita degli organismi acquatici, causando la moria di massa di pesci, crostacei e alghe. Di conseguenza, la biodiversità della regione è stata notevolmente compromessa e le specie che in precedenza abitavano il Mar d'Aral si sono estinte o sono migrate in altre aree.

Inoltre, la mancanza d'acqua ha causato cambiamenti nel clima della regione, con un aumento dei venti forti che trasportano sabbia e polvere. Questi forti venti provocano tempeste di sabbia e aumentano il rischio di malattie respiratorie tra la popolazione locale. Le tempeste di sabbia hanno effetti negativi anche sull'agricoltura della regione, provocando perdite di raccolti e riducendo la produttività.

La tragedia ecologica del Mar d'Aral dimostra come l'intervento umano sull'ambiente possa avere effetti negativi a lungo termine. Le conseguenze ambientali, sociali ed economiche sono profonde e colpiscono non solo la regione, ma il mondo intero. Ripristinare l'ecosistema del Mar d'Aral è una sfida

La regione del Mar d'Aral diventata deserto. Foto: Daniel Prudek / Shutterstock.com

È importante e richiede la cooperazione dei governi, delle organizzazioni internazionali e delle comunità locali. Il ripristino comporta l'attuazione di misure volte a migliorare la qualità dell'acqua, la reintroduzione di specie autoctone e l'implementazione di pratiche agricole sostenibili per ridurre la domanda di acqua nella regione. Ancora oggi la regione soffre, essendo geopoliticamente in balia dei paesi con abbondanti risorse idriche.

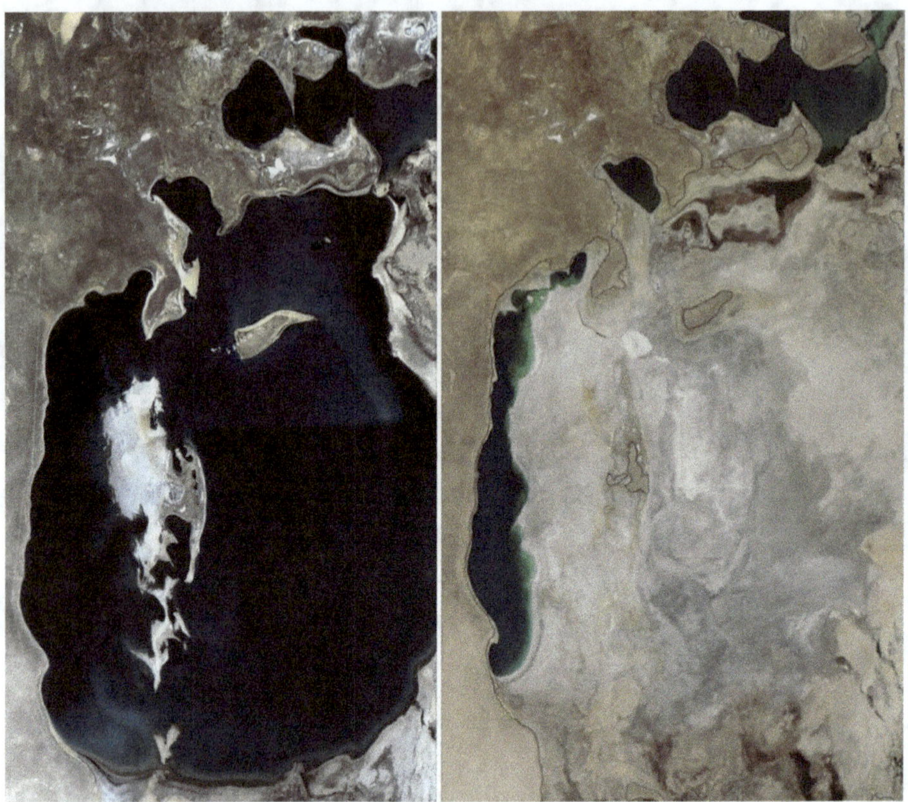

Il processo di desertificazione del Lago d'Aral fu rapido. A sinistra, foto
Immagine satellitare del 1989. A destra, 2014. Credito: NASA.

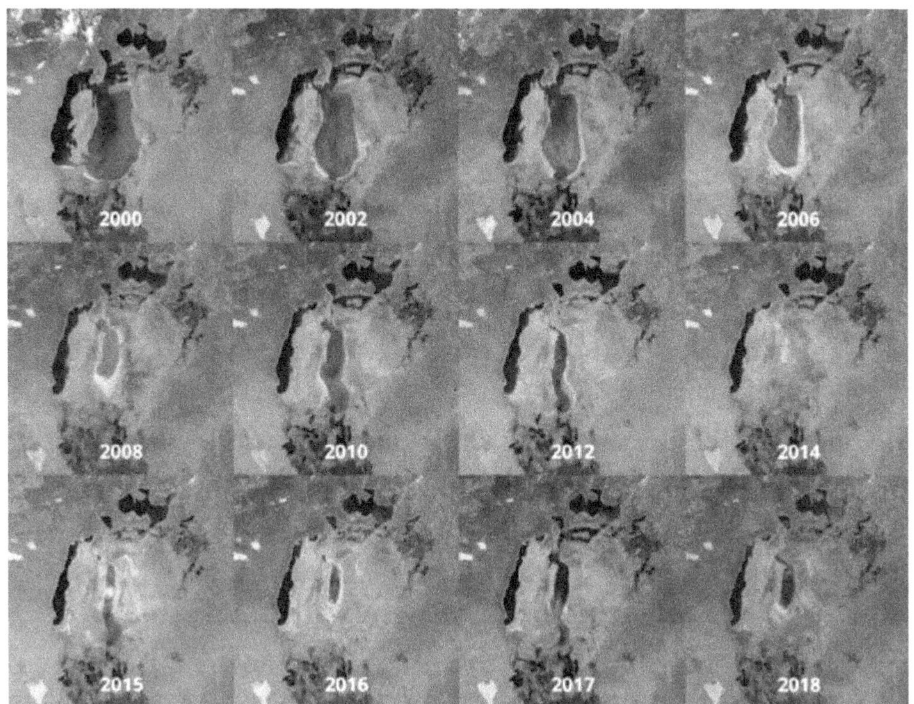

Foto/immagine: Crediti: NASA.

LA MORFOLOGIA DEI CANALI FLUVIALI

La morfologia di un alveo fluviale si riferisce alle caratteristiche fisiche e geografiche che compongono un fiume, come la sua forma, le sue dimensioni, la sua profondità, la velocità dell'acqua e il tipo di letto che costituisce il fondale del fiume. Questi fattori influenzano la dinamica del flusso dell'acqua e la capacità del fiume di trasportare sedimenti, nonché la fauna e la flora che popolano le sue rive.

Tra i principali fattori che influenzano la morfologia dei corsi d'acqua vi sono il clima e il tipo di terreno della regione, poiché influenzano il volume e la velocità dell'acqua che scorre nel fiume. Altri fattori includono la topografia locale, la geologia della regione e la storia dell'uso del territorio.

I letti dei fiumi possono avere forme diverse: da canali dritti e uniformi a canali tortuosi e tortuosi. La forma del canale è influenzata da fattori quali la velocità dell'acqua, l'erosione e il trasporto dei sedimenti. La profondità e la larghezza del canale sono determinate dalla quantità di acqua che scorre nel fiume e dai sedimenti che trasporta. Il tipo di letto può essere composto da diversi tipi di sedimenti, come sabbia, ghiaia, pietre o fango.

La morfologia dei corsi d'acqua è un aspetto importante per comprendere il funzionamento degli ecosistemi fluviali e per la gestione sostenibile delle risorse idriche. Cambiare la morfologia di un canale, ad esempio raddrizzando o deviando un fiume, può avere un impatto significativo sulla biodiversità locale e sulla capacità del fiume di fornire servizi ecosistemici come la depurazione delle acque e la regolazione del clima.

Esistono diversi tipi di morfologie fluviali, ciascuna con caratteristiche diverse che influenzano la dinamica del flusso dell'acqua e la formazione degli habitat naturali. Di seguito sono riportati alcuni dei tipi più comuni:

Fiume dritto:sono fiumi che scorrono in linea retta, senza grandi curvature. La sua morfologia è influenzata principalmente dal substrato roccioso della regione e dalla pendenza del terreno. Questi fiumi hanno generalmente portate più rapide e letti di sedimenti più puliti, ma sono meno ricchi di biodiversità rispetto ad altri tipi di fiumi perché hanno meno habitat naturali.

Fiume tortuoso:sono fiumi che formano curve strette lungo il loro corso. Questi fiumi sono caratterizzati da una serie di curve sinuose, formate dall'erosione e dal deposito di sedimenti nel tempo. I fiumi tortuosi tendono ad avere portate più lente e letti più diversificati, creando habitat naturali per una varietà di specie acquatiche e terrestri.

Fiume intrecciato:sono fiumi che hanno diversi canali interconnessi, formando una complessa rete di corsi d'acqua. Questi fiumi si trovano solitamente in aree con grandi volumi d'acqua e ampie pianure alluvionali. In genere hanno velocità di flusso relativamente basse e sono noti per creare importanti habitat naturali per la vita acquatica.

Fiume piatto:sono fiumi che scorrono in zone pianeggianti, con poco dislivello. Sono caratterizzati da un letto ampio e generalmente poco profondo, con un flusso d'acqua relativamente lento. Questi fiumi creano importanti habitat naturali per una varietà di specie acquatiche e terrestri.

Fiume di montagna:sono fiumi che scorrono in zone montuose, con altitudini maggiori. Sono caratterizzati da un letto stretto e roccioso e da un rapido flusso d'acqua. Questi fiumi sono spesso interrotti da cascate e cascatelle, creando habitat naturali unici per la vita acquatica.

La morfologia del fiume è uno dei fattori che incidono sulla disponibilità e sulla qualità dell'acqua in una determinata regione e può quindi rappresentare un fattore importante nella geopolitica dell'acqua. Di seguito alcuni esempi di come la morfologia del fiume possa essere correlata alla geopolitica dell'acqua:

Disponibilità di acqua:La morfologia di un fiume può influenzare la quantità e la qualità dell'acqua disponibile in una determinata regione. Ad esempio, i fiumi di pianura hanno generalmente un flusso d'acqua più lento e possono essere maggiormente inquinati, il che può influire sulla disponibilità di acqua potabile per le comunità locali.

Controversie sull'acqua:Quando la morfologia di un fiume crea un confine naturale tra diversi paesi o regioni, possono sorgere controversie sulla gestione e la proprietà delle acque. Ad esempio, se un fiume attraversa più Paesi, potrebbero sorgere controversie su quanta acqua ogni Paese può utilizzare e su come gestirla.

Impatti ambientali Le modifiche alla morfologia dei fiumi, come la rettificazione o la costruzione di dighe, possono avere impatti ambientali significativi, influenzando la biodiversità, la qualità dell'acqua e gli ecosistemi che dipendono dal fiume. Questi impatti possono generare conflitti tra diversi gruppi di interesse, come aziende, comunità locali e gruppi ambientalisti.

Sicurezza idrica La morfologia del fiume può influire sulla sicurezza idrica di una regione, soprattutto durante i periodi di siccità o scarsità d'acqua. Ad esempio, se un fiume è alimentato da sorgenti in zone montuose, potrebbero sorgere preoccupazioni circa la disponibilità di acqua durante i periodi di siccità o quando l'acqua viene deviata per altri usi, come l'irrigazione o l'industria.

GEOPOLITICA DEI SOCCORSI
E DELL'ACQUA

La geopolitica dell'acqua si riferisce alla distribuzione geografica delle risorse idriche e alle dinamiche politiche, economiche e sociali che circondano il loro utilizzo, la loro gestione e il loro controllo da parte di diversi paesi o regioni. La scarsità d'acqua, la disuguaglianza nella sua distribuzione e la crescente domanda di questa risorsa hanno aumentato i conflitti e le controversie sulla sua proprietà e gestione, come già accennato. In questo contesto, il rilievo di una regione emerge come fattore determinante nella distribuzione e nella disponibilità delle risorse idriche, influenzando direttamente le dinamiche geopolitiche legate all'acqua. Successivamente analizzeremo il modo in cui i diversi tipi di soccorso sono associati alla geopolitica dell'acqua.

Montagne: fonte d'acqua e confini naturali

Le montagne svolgono un ruolo cruciale nel ciclo idrologico, fungendo da importanti fonti di acqua dolce per le regioni adiacenti. Sono responsabili della formazione di fiumi, laghi e falde acquifere, che riforniscono le popolazioni e gli ecosistemi a valle. Tuttavia, le catene montuose spesso fungono da confini naturali tra paesi o regioni, il che può dare origine a controversie geopolitiche sulla gestione e la condivisione delle risorse idriche. Esempi emblematici includono le tensioni tra paesi che condividono bacini fluviali transnazionali, come il fiume Giordano in Medio Oriente e il fiume Gange tra India e Bangladesh. La gestione equa e sostenibile di queste risorse richiede accordi internazionali e la cooperazione tra le nazioni coinvolte.

Pianure: falde acquifere e conflitti di interesse

Le pianure, pur avendo generalmente una minore disponibilità di acqua superficiale rispetto alle montagne, sono spesso ricche di risorse idriche sotterranee. Le falde acquifere estese, come quella di Guaraní in Sud America, analizzata nei capitoli precedenti, sono essenziali per l'approvvigionamento idrico nelle regioni di bassa quota. Inoltre, i fiumi che attraversano le pianure tendono a essere più lenti e larghi, favorendo attività come l'irrigazione agricola e la navigazione. Tuttavia, lo sfruttamento intensivo di queste risorse può generare conflitti tra diversi gruppi di interesse, come agricoltori, industrie e comunità locali. Lo sfruttamento eccessivo delle falde acquifere e l'inquinamento dei fiumi sono sfide comuni che richiedono politiche pubbliche efficaci e meccanismi di gestione integrati.

Deserti: scarsità e innovazione tecnologica

I deserti sono caratterizzati da un'estrema scarsità di acqua dolce, il che rende la sua gestione un problema critico per la sopravvivenza delle popolazioni e degli ecosistemi. Nelle regioni aride, la competizione per le limitate risorse idriche può portare a conflitti tra i diversi utilizzatori, come le comunità locali e i settori agricolo e industriale. Per affrontare queste sfide, tecnologie come la desalinizzazione dell'acqua di mare e il riciclaggio delle acque reflue hanno acquisito importanza. Tuttavia, queste soluzioni comportano spesso costi elevati e un impatto ambientale elevato, per cui richiedono un'attenta pianificazione e l'adozione di pratiche sostenibili. La gestione delle risorse idriche nei deserti è influenzata anche da fattori geopolitici, come nel caso del Medio Oriente, dove l'acqua è una risorsa strategica e fonte di tensioni regionali.

Isole: limiti e sfide della gestione

Le isole, a causa della loro posizione geografica e delle loro piccole dimensioni, devono affrontare sfide particolari per quanto riguarda la disponibilità di acqua dolce. La dipendenza da falde acquifere limitate e dalla raccolta dell'acqua piovana rende le isole particolarmente vulnerabili alla scarsità d'acqua, soprattutto nel contesto del cambiamento climatico e dell'innalzamento dei livelli del mare. Inoltre, la pressione esercitata da attività come il turismo può esacerbare la competizione per le risorse idriche tra visitatori e comunità locali. La gestione delle acque sulle isole richiede strategie adattive, come l'uso efficiente delle risorse, la protezione delle falde acquifere e l'implementazione di sistemi di desalinizzazione.

Regioni costiere: abbondanza e vulnerabilità

Le regioni costiere presentano generalmente una relativa abbondanza di acqua dolce, proveniente da fiumi, falde acquifere e precipitazioni. Tuttavia, queste aree sono altamente vulnerabili ai disastri naturali, come inondazioni, tempeste e infiltrazioni di acqua salata nelle falde acquifere costiere. La gestione delle risorse idriche nelle regioni costiere deve tenere conto della protezione delle risorse idriche dall'inquinamento salino e dell'implementazione di infrastrutture resistenti agli eventi meteorologici estremi. Inoltre, la pressione demografica e lo sviluppo economico in queste aree spesso esacerbano i conflitti sull'uso dell'acqua, rendendo necessarie politiche di pianificazione territoriale e di gestione integrata.

Il rilievo di una regione è un fattore determinante nella distribuzione e nella disponibilità delle risorse idriche, influenzando direttamente le dinamiche geopolitiche legate all'acqua. Montagne, pianure, deserti, isole e regioni costiere presentano sfide specifiche che richiedono approcci differenziati per una gestione sostenibile delle risorse idriche. Per superare queste sfide è necessario adottare politiche pubbliche efficaci, promuovere la cooperazione internazionale e implementare tecnologie innovative. Solo attraverso una gestione integrata ed equa sarà possibile garantire la sicurezza idrica ed evitare conflitti in uno scenario di crescente scarsità e competizione per le risorse idriche.

LA GEOPOLITICA DELL'ACQUA
E DEL CLIMA

La geopolitica dell'acqua è intrinsecamente legata alle dinamiche climatiche, poiché la disponibilità e la distribuzione delle risorse idriche sono profondamente influenzate dalle condizioni meteorologiche di ciascuna regione. Il cambiamento climatico, caratterizzato dall'aumento delle temperature globali e dal cambiamento dei modelli delle precipitazioni, ha esacerbato le tensioni geopolitiche intorno all'acqua, soprattutto nelle aree in cui la scarsità d'acqua è già una realtà. Questo capitolo esplora le interazioni tra la geopolitica dell'acqua e il clima in diversi contesti regionali, evidenziando le sfide e i conflitti associati alla gestione di questa risorsa vitale.

Regioni aride e semi-aride: scarsità e conflitti

Nelle regioni aride e semi-aride, la scarsità d'acqua è un problema cronico, aggravato dalle precipitazioni irregolari e dall'elevata evapotraspirazione. La disponibilità di acqua in questi luoghi è direttamente correlata al clima, con periodi prolungati di siccità che possono durare anni. I paesi che condividono falde acquifere sotterranee, fiumi e laghi, come quelli del Medio Oriente e del Nord Africa, spesso si trovano ad affrontare controversie sull'uso e la gestione di tali risorse.

Inoltre, l'uso eccessivo di acqua per l'agricoltura irrigua e per le attività industriali nelle regioni aride ha portato allo sfruttamento eccessivo delle falde acquifere e alla desertificazione. Il calo dei livelli delle acque in bacini idrici come il Mar d'Aral in Asia centrale dimostra come una cattiva gestione delle risorse idriche possa causare danni ambientali irreversibili e aggravare la scarsità, aumentando il rischio di conflitti.

Regioni tropicali ed equatoriali: monsoni e sfide gestionali

Nelle regioni tropicali ed equatoriali, la distribuzione dell'acqua è caratterizzata da stagioni di intense piogge, seguite da periodi di siccità. I monsoni, che portano notevoli quantità di pioggia in brevi periodi di tempo, sono essenziali per ricaricare le falde acquifere e rifornire i bacini fluviali. Tuttavia, la variabilità climatica e gli eventi estremi, come inondazioni e siccità prolungate, hanno influito sulla disponibilità di acqua e hanno creato difficoltà nella gestione condivisa delle risorse idriche.

I paesi che condividono bacini fluviali in queste regioni, come India, Bangladesh e Nepal nel caso del fiume Gange-Brahmaputra, spesso si trovano ad affrontare controversie legate al controllo di dighe e bacini idrici. La costruzione di queste strutture, sebbene necessaria per l'immagazzinamento dell'acqua e la produzione di energia, può alterare il flusso naturale dei fiumi, influendo sugli ecosistemi e sulle comunità a valle. Inoltre, la mancanza di accordi efficaci di cooperazione regionale ha ostacolato la gestione equa e sostenibile di queste risorse.

Regioni temperate e fredde: scioglimento dei ghiacciai e incertezza idrica

Nelle regioni temperate e fredde, la disponibilità di acqua è strettamente legata alle nevicate e allo scioglimento dei ghiacciai. Tuttavia, il riscaldamento globale ha accelerato lo scioglimento dei ghiacciai e ridotto la copertura nevosa, compromettendo la disponibilità di acqua a lungo termine. I fiumi che dipendono dallo scioglimento stagionale delle nevi, come il Colorado negli Stati Uniti e lo Yangtze in Cina, stanno subendo significative riduzioni della loro portata, con conseguenze negative su milioni di persone che dipendono da queste risorse per l'approvvigionamento idrico, l'agricoltura e la produzione di energia.

Lo scioglimento dei ghiacciai ha anche implicazioni geopolitiche. In Asia centrale, ad esempio, la condivisione delle acque dei fiumi Amu Darya e Syr Darya, che dipendono dallo scioglimento delle nevi sui monti Pamir e Tian Shan, è stata fonte di tensione tra paesi come Uzbekistan, Tagikistan e Kirghizistan. La ridotta disponibilità di acqua dovuta al riscaldamento globale può esacerbare questi conflitti, soprattutto nelle regioni in cui la cooperazione transfrontaliera è limitata.

La geopolitica dell'acqua è profondamente influenzata dalle dinamiche climatiche, che variano notevolmente tra regioni aride, tropicali e temperate. La scarsità d'acqua, aggravata dal cambiamento climatico, ha generato conflitti e tensioni sull'uso e la gestione delle risorse idriche condivise. Per affrontare queste sfide è fondamentale promuovere la cooperazione internazionale, investire in tecnologie di gestione sostenibile e adottare politiche che bilancino le esigenze umane con la salvaguardia dell'ambiente. L'acqua, in quanto risorsa strategica, continuerà a svolgere un ruolo centrale nelle relazioni geopolitiche e richiederà approcci innovativi e collaborativi per garantirne la disponibilità e l'equo accesso.

IL MERCATO DEL CARBONIO

Uno dei temi centrali della 22a edizione della Conferenza delle Nazioni Unite sui cambiamenti climatici (COP22), il mercato del carbonio è diventato un pilastro degli sforzi internazionali per incoraggiare la riduzione dei gas di CO^2. Un gruppo di accademici, ambientalisti e attivisti sociali ha messo in discussione l'eccessiva importanza data dai leader mondiali alla tassazione del carbonio come soluzione ai problemi del riscaldamento globale. In Brasile, i rappresentanti delle comunità che vivono in regioni ricche di risorse naturali denunciano di essere stati molestati da aziende che si occupano di attività economiche legate alla silvicoltura.

Il mercato del carbonio è un meccanismo il cui obiettivo principale è quello di ridurre le emissioni di gas serra (GHG) attraverso lo scambio di crediti di carbonio. Questo mercato è nato in seguito al Protocollo di Kyoto, che ha fissato obiettivi di riduzione delle emissioni per i paesi sviluppati. Ecco come funziona: le aziende che emettono più gas serra di quanto consentito dalla legge devono acquistare crediti di carbonio, emessi dalle aziende che sono riuscite a ridurre le proprie emissioni. In questo modo le aziende inquinanti possono acquistare crediti di carbonio per compensare le proprie emissioni e raggiungere così gli obiettivi prefissati.

Esistono due tipi di mercato del carbonio: il mercato volontario e il mercato regolamentato.

Il mercato volontario In questo caso le aziende acquistano crediti di carbonio di propria iniziativa, senza obblighi di legge.

Il mercato regolamentato In questo caso le aziende sono tenute a rispettare gli obiettivi di riduzione delle emissioni stabiliti dalle leggi e dai regolamenti governativi.

Questo mercato è stato uno strumento importante nella lotta

al cambiamento climatico, incoraggiando le aziende a ridurre le proprie emissioni e contribuendo alla costruzione di un'economia a basse emissioni di carbonio. Tuttavia, non mancano anche critici nei confronti del mercato del carbonio, che sottolineano come esso possa essere manipolato dalle aziende e che, in alcuni casi, potrebbe non promuovere una reale riduzione delle emissioni.

La valorizzazione dell'ambiente con i meccanismi tradizionali del mercato è stato il tema di una conferenza promossa dalla Fondazione tedesca Heinrich Böll Brasile, a Rio de Janeiro, a fine ottobre 2022. I relatori hanno sostenuto che la logica dell'economia verde, basata su metriche di carbonio, causa più danni che benefici all'ambiente e ai cittadini del pianeta.

Il coautore del libro Critique of the Green Economy, il ricercatore tedesco Thomas Fatheuer, ha affermato durante l'incontro che i metodi utilizzati finora per ridurre le emissioni non sono riusciti a fermare la devastazione delle foreste o l'inquinamento. "E continuano a promuovere l'uso di tecnologie rischiose e dannose, come l'energia nucleare, con la scusa che emettono meno carbonio. "Uno studio recente suggerisce che oltre il 60% della produzione mondiale di olio di palma viene bruciato come combustibile; "In Indonesia, le foreste vengono bruciate per ridurre le emissioni in Europa", ha affermato.

"I percorsi per ridurre le emissioni di CO2 vengono tracciati dal mercato e non dai cittadini. "Questo è il grande difetto dell'economia verde", ha affermato Fathereuer. Una delle soluzioni al problema, ha sostenuto, è l'apertura degli spazi politici ai cittadini per evitare le violazioni e le distorsioni causate dall'avidità aziendale e una maggiore democratizzazione della ricchezza, in modo che l'economia torni a servire gli esseri umani, e non il contrario".

Camila Moreno, ricercatrice presso l'Università Rurale Federale di Rio de Janeiro e coautrice del libro Carbon Metrics: Global Abstractions and Ecological Epistemicide, ha sottolineato che nel corso degli anni si è costruito un discorso che ha finito per giustificare e naturalizzare le metriche del carbonio nel mondo.

"Le metriche del carbonio sono una finzione semplificatrice e depoliticizzante. Nega le diverse forme di conoscenza che danno senso all'esistenza dei popoli e delle culture nel mondo. "La razionalità scientifica isola le contraddizioni nelle diverse parti del mondo, negli ecosistemi, nelle catene alimentari, nelle relazioni sociali e di potere, nelle religioni, isola tutto ciò in un ambiente asettico, creando unità nel mondo", ha affermato, sostenendo che la scienza non è libera da ideologie. "È possibile pagare un piccolo extra sul sito web della compagnia aerea per compensare il viaggio verso l'Europa. La società dei consumi e i privilegi non vengono messi in discussione. Dobbiamo mettere in discussione questa teoria semplicistica che vede la natura come una macchina. Sappiamo come la scienza viene prodotta, finanziata e contestata. "La scienza è il vertice da cui si esercita il vero potere nella società odierna", ha aggiunto.

Secondo Agência Brasil, un altro aspetto negativo di questo mercato, secondo i gruppi critici dell'economia verde, è l'espansione delle monocolture. L'agronomo Luiz Zarref, del coordinamento del Movimento dei Lavoratori Senza Terra (MST), ha lamentato la quantità di terra occupata da alberi a crescita rapida, come gli eucalipti geneticamente modificati, che finiscono per distruggere migliaia di ettari di terra, a causa della grande quantità di acqua che sottraggono al suolo.

Secondo Zarref, i principali movimenti sociali nelle campagne hanno compreso che l'agroecologia, ovvero l'agricoltura dal punto di vista di un ecosistema sostenibile, è l'unica possibilità per la riproduzione della classe contadina e la produzione alimentare su larga scala. "Dobbiamo garantire la sovranità alimentare, cosa vogliamo produrre, dove e quando. "Abbiamo bisogno di una riforma agraria e di cibo sano per le città."
Secondo il Ministero dell'Ambiente, piantare alberi esotici, come l'eucalipto, sequestra l'anidride carbonica dall'atmosfera e fornisce una fonte di carbonio rinnovabile e a zero emissioni

di carbonio. Il Segretario per i Cambiamenti Climatici e la Qualità Ambientale del Ministero dell'Ambiente, Everton Lucero, ha riferito che il governo desidera incoraggiare questa attività economica nel Paese. "È un settore che valorizza le risorse naturali e le foreste e ha un grande potenziale per contribuire al raggiungimento degli obiettivi di riduzione del carbonio per il 2025 e il 2030", ha affermato. "Le aziende che operano in questa zona sono strutturate con un lungo ciclo colturale e strutturano la semina tenendo conto delle aree di conservazione, dei corridoi ecologici e del mantenimento della vegetazione autoctona."

Secondo il Segretario, il modello di sviluppo deve cambiare, ma un'economia a basse emissioni di carbonio sarà realizzabile solo nel lungo termine. "Pertanto, abbiamo bisogno di una strategia che valorizzi le risorse ambientali e incoraggi l'uso di energie rinnovabili per sostituire i combustibili fossili", ha affermato.

Per Carlos Hittl, segretario esecutivo dell'Osservatorio sul clima, le metriche del carbonio sono state molto utili come indicatore e diagnosi del problema. "Analizziamo la concentrazione dei gas serra nell'atmosfera utilizzando metriche del carbonio. Proprio come le carote di ghiaccio dell'Antartide ci permettono di tracciare la storia della concentrazione di questi gas nella massa di ghiaccio nel corso di centinaia di migliaia di anni. "I parametri del carbonio ci permettono di dire che in almeno 4 milioni di anni non si è mai verificata una concentrazione di carbonio nell'atmosfera così elevata come quella odierna", ha ricordato.

"È necessario cambiare gli attuali modelli di produzione e consumo. Purtroppo non cambieremo in tempo le fondamenta del capitalismo, con tutti i suoi effetti perversi, per risolvere il problema del cambiamento climatico. Abbiamo sei anni e due terzi di possibilità di limitare il riscaldamento globale a 1,5 gradi. "Dobbiamo cambiare radicalmente questa traiettoria", ha affermato Hitt.

Il direttore esecutivo dell'Istituto di ricerca ambientale amazzonico (IPAM), André Guimarães, ha sostenuto che il fatto che esistano progetti sbagliati non rende l'idea originale di negoziare crediti di carbonio impraticabile. "Dobbiamo separare la forma dal contenuto. "Dobbiamo davvero migliorare il modo in cui vengono fatte le cose, essere trasparenti e non avere un progetto imposto dall'alto", ha affermato. "Dobbiamo combattere l'uso improprio del denaro e l'appropriazione dei diritti delle popolazioni tradizionali, ma preservare la foresta e lo sviluppo sostenibile costa denaro. Se la forma è sbagliata, miglioriamola, ma non smettiamo di investire."

Secondo Agência Brasil, la presidente del Gruppo intergovernativo brasiliano sui cambiamenti climatici (PBMC), Suzana Kahn, ritiene che il mercato del carbonio possa essere molto utile se non desse priorità solo alla riduzione delle emissioni di carbonio. "È interessante rendere più costoso il processo di produzione che utilizza il carbonio. Ma è necessario creare una serie di condizioni, determinare i progetti ammissibili all'ingresso sul mercato e stabilire meccanismi di controllo efficaci", ha affermato.
L'unico consenso apparente è che la giustizia sociale e una democrazia forte siano le vie più sicure per uno sviluppo sostenibile. "Se non miglioriamo la nostra democrazia con una riforma politica globale, continueremo a discutere, a dibattere e perderemo tutti. "E coloro che hanno sempre beneficiato dello sfruttamento predatorio delle risorse naturali continueranno a beneficiarne", ha osservato Carlos Hittl.

GEOPOLITICA ED ECONOMIA VERDE

L'economia verde emerge come un paradigma economico che cerca di conciliare la crescita economica con la sostenibilità ambientale e l'equità sociale. Questo modello propone una transizione verso sistemi produttivi che valorizzano e gestiscono in modo efficiente le risorse naturali, riducendo al minimo l'impatto ambientale e promuovendo uno sviluppo socio-economico completo. In questo contesto, l'economia verde non solo risponde alle sfide ambientali globali, come il cambiamento climatico e la perdita di biodiversità, ma si posiziona anche come strategia per ridurre i conflitti geopolitici legati alla scarsità di risorse e alle disuguaglianze socioeconomiche.

Principi e fondamenti dell'economia verde

La green economy si fonda su principi di sostenibilità e responsabilità socio-ambientale, che orientano l'adozione di pratiche e politiche capaci di promuovere innovazione ed efficienza nei settori produttivi. I suoi pilastri includono quanto segue:

1. Valorizzazione delle risorse naturali: l'economia verde riconosce le risorse naturali come beni finiti ed essenziali per il benessere umano, promuovendone la gestione responsabile e l'uso efficiente. Ciò include la conservazione degli ecosistemi, la protezione della biodiversità e la riduzione dell'impronta ecologica delle attività umane.

2. Tecnologie pulite e rinnovabili: la transizione verso fonti di energia rinnovabili come l'energia solare, eolica e idroelettrica e l'adozione di tecnologie a basse emissioni di carbonio sono fondamentali per l'economia verde. Queste pratiche mirano a ridurre la dipendenza dai combustibili fossili e ad attenuare le emissioni di gas serra.

3. Riduzione dell'inquinamento e gestione dei rifiuti: l'economia verde sottolinea l'importanza di sistemi di produzione che riducano al minimo la generazione di rifiuti e promuovano il riciclaggio e il riutilizzo dei materiali. La gestione responsabile dei rifiuti solidi e liquidi è essenziale per prevenire l'inquinamento del suolo, delle acque e dell'atmosfera.

4. Inclusione sociale ed equità: uno degli obiettivi principali dell'economia verde è promuovere uno sviluppo economico più equo e inclusivo, garantendo che i benefici generati siano equamente distribuiti tra le comunità. Ciò include la creazione di posti di lavoro verdi, il rafforzamento delle economie locali e la riduzione delle disuguaglianze socio-economiche.

L'economia verde come risposta al cambiamento climatico

Il cambiamento climatico rappresenta una delle più grandi sfide globali del XXI secolo, con impatti significativi sugli ecosistemi, sull'economia e sulla società. L'economia verde emerge come risposta strategica a queste sfide, proponendo la decarbonizzazione delle attività produttive e l'adozione di pratiche sostenibili che riducano la vulnerabilità delle popolazioni agli effetti dei cambiamenti climatici. La transizione verso un'economia a basse emissioni di carbonio non solo contribuisce alla mitigazione dei cambiamenti climatici, ma rafforza anche la resilienza dei paesi e delle comunità agli eventi estremi come siccità, inondazioni e tempeste.

Inoltre, l'economia verde cerca di evitare conflitti geopolitici legati alla competizione per risorse naturali scarse, come acqua, terreni fertili e minerali strategici. Promuovendo la gestione sostenibile di queste risorse, questo modello economico riduce le tensioni tra le nazioni e contribuisce alla stabilità globale.

Sfide e opportunità dell'economia verde

L'implementazione dell'economia verde comporta sfide significative, come la necessità di investimenti in infrastrutture sostenibili, una transizione equa per i lavoratori interessati dal cambiamento di paradigma e il superamento delle resistenze politiche ed economiche. Tuttavia, offre anche opportunità uniche come:

1. Innovazione e competitività: l'adozione di tecnologie pulite e pratiche sostenibili può stimolare l'innovazione e aumentare la competitività delle economie sulla scena globale.

2. Creazione di posti di lavoro verdi: l'economia verde ha il potenziale per creare milioni di posti di lavoro in settori quali l'energia rinnovabile, l'agricoltura sostenibile e la gestione dei rifiuti.

3. Riduzione delle disuguaglianze: promuovendo l'inclusione sociale e l'equa distribuzione dei benefici economici, l'economia verde può contribuire a ridurre le disuguaglianze socioeconomiche.

4. Proteggere gli ecosistemi: valorizzare le risorse naturali e proteggere la biodiversità sono essenziali per garantire la sostenibilità a lungo termine.

L'economia verde rappresenta un approccio innovativo e necessario per affrontare le sfide ambientali, economiche e sociali del XXI secolo. Integrando i principi di sostenibilità, equità ed efficienza, questo modello economico offre una strada praticabile per promuovere lo sviluppo socioeconomico senza compromettere le risorse naturali e il benessere delle generazioni future. Tuttavia, la sua attuazione richiede l'impegno dei governi, del settore privato e della società civile, nonché solide politiche pubbliche e meccanismi di cooperazione internazionale. La transizione verso un'economia verde non è solo un'opportunità, ma una necessità urgente per garantire la sostenibilità del pianeta e la stabilità geopolitica globale.

CONSIDERAZIONI FINALI

Al termine del lavoro "La geopolitica dell'acqua: uno sguardo geografico sul tema", risulta chiaro che l'acqua è una risorsa sempre più scarsa, preziosa e contesa sullo scenario globale. La sua importanza trascende i confini nazionali, influenzando le relazioni diplomatiche, economiche e sociali. La scarsità d'acqua, aggravata dal cambiamento climatico, dalla crescita demografica e dall'espansione delle attività umane, ha aumentato i conflitti tra paesi, stati e comunità locali, oltre a generare tensioni politiche e sociali in diverse regioni del mondo.

L'acqua è un elemento essenziale per la vita sulla Terra e un pilastro fondamentale per lo sviluppo economico. La sua disponibilità è fondamentale per la sicurezza alimentare, la produzione di energia, il mantenimento della salute pubblica e il benessere delle popolazioni. In considerazione di ciò, la gestione sostenibile delle risorse idriche e la promozione della cooperazione internazionale sono fondamentali per garantire a tutti un accesso equo e la disponibilità di acqua, sia ora che in futuro.

Interdipendenza e natura transfrontaliera dell'acqua

L'acqua è una risorsa interdipendente e transfrontaliera, la cui gestione richiede di tenere conto delle esigenze e degli interessi di tutte le parti coinvolte. I bacini fluviali condivisi, le falde acquifere transfrontaliere e gli ecosistemi acquatici interconnessi richiedono approcci collaborativi e integrati. La mancanza di cooperazione tra paesi che condividono risorse idriche può portare a controversie geopolitiche, come quelle che si verificano nei fiumi Nilo, Giordano e Indo, dove la competizione per il controllo delle acque ha generato tensioni di lunga data.

In questo contesto, la creazione di accordi internazionali e di istituzioni multilaterali è essenziale per promuovere una gestione equa e sostenibile delle risorse idriche. Esempi come il Trattato sulle acque del fiume Indo (1960) tra India e Pakistan e la Convenzione delle Nazioni Unite sui corsi d'acqua transfrontalieri (1997) dimostrano che la diplomazia può offrire soluzioni ai conflitti sull'acqua. Tuttavia, l'attuazione efficace di questi accordi dipende dalla volontà politica, dalla trasparenza e dall'impegno di tutti gli attori coinvolti.

Sfide e opportunità per una gestione sostenibile

La gestione sostenibile delle risorse idriche si scontra con sfide significative, come l'inquinamento dei fiumi e delle falde acquifere, lo sfruttamento eccessivo delle risorse idriche e gli effetti dei cambiamenti climatici. Tuttavia, offre anche opportunità di innovazione e cooperazione. Per affrontare le sfide attuali, sono essenziali investimenti nel riutilizzo dell'acqua, nella desalinizzazione e in tecnologie di irrigazione efficienti, uniti all'adozione di politiche pubbliche che promuovano la conservazione e l'uso razionale dell'acqua.

Inoltre, il coinvolgimento delle comunità locali, delle organizzazioni non governative e del settore privato nel processo decisionale è fondamentale per garantire che le politiche di gestione delle risorse idriche siano eque e adattate alle realtà locali. Anche l'educazione ambientale e la sensibilizzazione sull'importanza dell'acqua svolgono un ruolo centrale nella creazione di società più sostenibili e resilienti.

La cooperazione internazionale è un elemento fondamentale per garantire la sicurezza idrica globale. In un mondo sempre più interconnesso, le sfide legate all'acqua non possono essere affrontate in modo isolato. Creare piattaforme di dialogo, condividere tecnologie e mobilitare risorse finanziarie sono azioni essenziali per promuovere una gestione sostenibile dell'acqua e prevenire i conflitti.

Le organizzazioni internazionali, come le Nazioni Unite (ONU) e l'Organizzazione per la cooperazione e lo sviluppo economico (OCSE), svolgono un ruolo fondamentale nel facilitare questi sforzi. Inoltre, iniziative come gli Obiettivi di sviluppo sostenibile (SDG), in particolare l'SDG 6, che mira a garantire a tutti la disponibilità e la gestione sostenibile dell'acqua e dei servizi igienico-sanitari, forniscono un quadro globale per orientare le azioni nazionali e internazionali.

La geopolitica dell'acqua è una questione centrale per il futuro dell'umanità, con profonde implicazioni per la sicurezza, l'economia e l'ambiente. La scarsità d'acqua e i conflitti legati all'acqua pongono sfide significative, ma offrono anche opportunità di cooperazione, innovazione e costruzione di un futuro più sostenibile. Una gestione equa e sostenibile delle risorse idriche, unita alla promozione del dialogo e della cooperazione internazionale, è essenziale per garantire che l'acqua rimanga una risorsa disponibile e accessibile per le generazioni presenti e future.

In un mondo segnato dall'incertezza climatica e dalle pressioni socio-economiche, l'acqua emerge non solo come una risorsa vitale, ma anche come simbolo di unità e collaborazione. Spetta a tutti gli attori globali – governi, aziende, organizzazioni della società civile e singoli individui – assumersi la responsabilità di proteggere e gestire questa preziosa risorsa, assicurando che rimanga un'eredità di vita e prosperità per le generazioni future.

RIFERIMENTI BIBLIOGRAFICI

Agenzia del Brasile: https://agenciabrasil.ebc.com.br/geral/
noticia/2016-11/mercado-de-carbono-de-licencia-aos-mas-
ricos-para-polluir-afirmam>Accesso; 20 febbraio 2023.

INFORMAZIONI SULL'AUTORE

Jose Ruiz Watzeck

Giornalista, scrittore, autore, fisico, geografo, matematico, storico, professore universitario, neuropsicopedagogista, specialista nell'insegnamento superiore, laureato in Auditing, Management e Licenze ambientali, laureato in Geoprocessing e Georeferenziazione, pedagogista, specialista in Astronomia e Astrofisica.

www.ingramcontent.com/pod-product-compliance
Lightning Source LLC
Chambersburg PA
CBHW061245250726
48653CB00002B/520